楚河说历史

春秋战国

楚河/著　子鷭坊插画/绘

中信出版集团 | 北京

图书在版编目（CIP）数据

楚河说历史．春秋战国 / 楚河著；子鶮坊插画绘
．-- 北京：中信出版社，2020.9（2020.12 重印）
ISBN 978-7-5217-2139-3

Ⅰ．①楚… Ⅱ．①楚… ②子… Ⅲ．①中国历史－春秋战国时代－青少年读物 Ⅳ．① K209

中国版本图书馆 CIP 数据核字（2020）第 154937 号

楚河说历史·春秋战国

著　　者：楚河
绘　　者：子鶮坊插画
出版发行：中信出版集团股份有限公司
（北京市朝阳区惠新东街甲4号富盛大厦2座　邮编　100029）
承 印 者：天津联城印刷有限公司

开　　本：889mm×1194mm　1/32　　印　　张：5.75　　字　　数：100千字
版　　次：2020年9月第1版　　印　　次：2020年12月第2次印刷
书　　号：ISBN 978-7-5217-2139-3
定　　价：35.00元

序

找到属于自己的“宝藏”

你会跳过序言看正文吗？我不会，作为一个爱看书也爱藏书的人，我看书有一个习惯，那就是力争把书中出现的所有文字都看完，包括作者简介、封面设计、插画师、责任编辑，甚至是图书规格等等。每多看一个字，我便感觉对书了解得更多了一些，看到的字越多，了解的东西越多，所以通常我必看序言。

可当我开始动笔的时候，我又犯了难。序言是什么？我想，序言大概就像新朋友之间的自我介绍一样，向别人介绍自己眼中的自己，而给一本书写的“自我介绍”，不就相当于“我以为我写了什么”吗？即使是从我的角度出发介绍这本书，我相信也是不全面的。每个人都有自己的想法，所以我希望，每一个有缘捧起这本书的人，能够像寻宝一样，找到属于自己的“宝藏”。

我能告诉大家的是，这是一本跟历史有关的书。

历史是由人创造的，从古至今发生的所有故事，都是人和人的故事。人很奇妙，有时可以很善变，有时又一成不变。虽然人类利用科技让生活变得更好，可人与人相处的方式却变化不大，我们也许换上了不同的服饰，但我们的行为模式确实和古人的行为模式没有本质的区别。

历史是由人书写的，所以我更愿意以历史人物的视角，去看看他们生活的世界：何为智慧？何为坚守？何为追求？何为气节？何为义气？何为忠诚？何为孝道？何为取舍？在古人的眼中，什么才是最重要的？这也许可以让我们更加真切地认识自我，并且重新审视一下自己身边那些值得珍惜的人和物。

构思每一个人物的时候，我都努力把自己想象成那个人。在创作的过程中，我努力寻找人物情感与历史事件的联系，以求让历史事件更加鲜活。

“楚河说历史”的内容基本取材于正史，但也有些许野史掺杂其中。书中的每一个故事，我都力求找到史籍当中的记载，这种想法一直贯穿我创作的始终，但对我而言，这样做有得也有失，其中很多有趣的典故也因为找不到史料而被迫放弃。

我希望你把这套书当作一把钥匙。历史不应该是单向传输，也不应该是单纯背诵，我们完全可以通过自己的思考，看到很多不同的风景。就像我在每篇文章中设计的“脑洞剧场”，这里面的内容大多没有真实发生过，是我通过对人物性格的理解做的夸张描写，不仅仅是为了让故事更有趣，也是为了增加历史跟大家互动的可能性。你想过自己把“脑洞剧场”里的内容表演出来吗？你甚至可以跟朋友或家人搭档，把你印象中的这位历史人物，用自己的理解和方式呈现出来，我相信，这一定能释放你身体里的很多能量。解放对天性的束缚，大胆地表现自己。

如果这套书能给大家带来些许类似的感觉，这一定不是我的功劳，而是因为我站在了巨人们的肩膀上，很多历史学者和前辈给过我指点和启发，我只不过是站在他们的肩膀上踮起了脚尖而已。

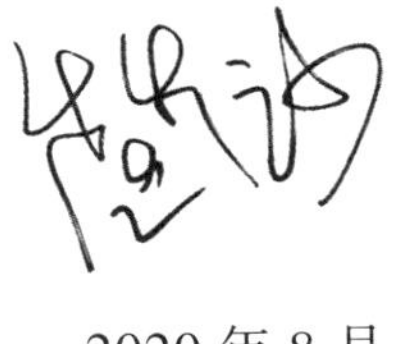

2020 年 8 月

目录

别别!!
我就要抱鲍叔牙的大腿!
汪汪!!

啊!!!

楚河说历史

春秋战国

1 重耳

公子流浪记

在历史上有一位君主，曾收到过一份特殊的礼物——一块土。收到这份礼物时，他正被本国的君主追杀，背井离乡，前途渺茫。收到这块土时，他也没有想到，十多年后，他会继承晋国的国土，乃至成为一代霸主。这个人就是鼎鼎大名的“春秋五霸”之一——晋文公重耳。

话说，春秋时期，周王室衰微，各诸侯国群龙无首，征伐不断。国力强的诸侯，可以随便干涉他国事务；国力弱的诸侯，只能看着别国干涉本国事务。在当时，小国只能依附于大国，相当于大国的跟班。哪怕名义上的天下共主周天子，也只是大国诸侯借势的工具而已。那个时代，大家都是用实力说话，没有实力的，只能微笑着不说话。

就在东边的齐桓公励精图治，处心积虑争霸天下的时候，晋国却发生了内乱。大家都明白，搞建设很不容易，多少代人呕心沥血，都不一定能达到理想的目标；但搞破坏就不一样了，不用很努力，就可以搞得很“成功”。

晋国从受周王室分封的那天起，就是一个与王室关系非常紧密、地位非常重要的封国。它的立国始祖乃是周武王的儿子、周成王的弟弟姬虞。春秋初年，晋国贵族曲沃武公的势力，远远超过了当时的晋国君主晋哀侯，曲沃武公率军攻打晋国的都城翼城，掌握了晋国的实际权力。公元前678年，曲沃武公通过贿赂周釐王，成为晋国国君，即晋武公。在晋武公和他儿子晋献公在位的时候，两人披荆斩棘，共同努力，带领晋国走上了对外扩张之路。然而晋献公晚年宠信年轻漂亮的夫人骊姬，导致晋国上演了一出骨肉相残的悲剧。

公元前656年，骊姬用计逼晋献公的长子申生自杀，另外两个有贤名的儿子重耳和夷吾也被迫流亡异乡。他们必须得逃走，因为再不逃就要被骊姬杀掉了。

就这样，公子重耳踏上了逃亡之路。在重耳逃亡的过程中，各诸侯国的局势时刻都在发生变化。

公元前651年，也就是齐桓公在葵丘会盟诸侯的那一年，晋献公去世了。公子奚齐继承了国君之位，可他还没有坐稳国君的位子，就被大夫里克等人刺杀了。这下子，晋国内部变得更乱了。

晋献公另一个逃掉的儿子公子夷吾运气比较好。公元前650年，在秦国的帮助下，夷吾回到晋国继位，史称晋惠公。

都是权力惹的祸，对晋惠公来说，觊觎国君的宝座的兄弟，才是自己最大的敌人。于是，他派人去刺杀自己的兄弟重耳。

那个时候，重耳正在狄国避难，他的随从们听说晋惠公派的杀手来了，赶紧又簇拥着重耳仓皇出逃。这一回，他们准备逃往齐国。

重耳喜好结交贤士，这批重要的贤士从他离开晋国就始终跟着他，不离不弃。可很快，重耳就发现问题了：他们没有粮食。贤士也要吃饭，这群人整天跟着自己，大家吃饭成了大问题。

重耳一行路过卫国的时候，饥肠辘辘的他看见一群农夫在田野里吃饭，也许是年景较好，也许是野菜正香，一伙人欢天喜地大快朵颐，看得重耳的口水都要“飞流直下三千尺”了。于是，重耳就派手下的一个贤士狐偃去讨饭。

可是农夫们一看这些饥肠辘辘的人都是贵族打扮，就不待见他们，心说：我们连野菜都不够吃，哪有多余的食物给你们？一个农夫没好气地站起身来，拿起一块泥土递给狐偃，说：“快吃吧。”

重耳看到狐偃拿回来的土块，心想：“天哪，我堂堂一国公子，居然让我吃土？这我可不能忍？”当下就举起马鞭，要过去抽那个农夫。

这时，狐偃阻拦了他，说：“公子，这是好兆头！得土不就是得国吗？这是上天的意思啊。”

古人是相信预兆的，重耳一听觉得有道理，心想这是老天要把晋国托付于我。于是，他翻身下马，恭敬地走过去向农夫行了一个大礼，然后从狐偃手中接过这块土，带上它一起离开了。农夫愣在了原地，他当然不会明白，对失去国家的人来说，一块土意味着什么。

此时齐桓公有霸主之名，很注重礼贤下士。重耳到齐国后，齐桓公用很高的规格招待了重耳，还把女儿（一说宗女）嫁给了他。这下重耳的生活就安逸了，他逐渐沉溺于这种“蹭饭”的日子。

两年后，齐桓公去世，齐国内部也乱了起来。可是重耳依然迷恋安逸的生活，不愿离开齐国。跟班们都着急了，跟着他这么多年，才发现他居然是一个“宅男”！公子把当国君的志向忘得一干二净了，这可怎么办？于是，这群足智多谋的跟班，想到了一个办法——灌醉重耳，直接抬上车就跑。谁也想不到，这些人最后用了最简单直接的招数。

等重耳醒来，他们已经离开齐国了。重耳发了好一通脾气，但是也只能再次踏上流亡之路。他们先后去了曹、宋、郑等国，最后来到楚国。

楚成王用接待国君的礼节接待重耳，由此可见，在那个时代拥有良好声誉的重要性。要知道，重耳十七岁的时候，就已经有闻名天下的五贤士跟着他了。后来即使长时间颠沛流离，这五个人依然冒着生命危险，始终不离不弃。重耳的个人魅力可见一斑。仅凭这一点，天下的诸侯就不得不对重耳另眼相看。

一个落魄公子，却还享受着国君礼遇。酒过三巡，菜过五味，楚成王终于发问了："您若归国为君，该怎样报答我？"果然，楚成王并不是无缘无故地礼遇重耳。看，关键的问题来了。

重耳听到这个问题，一时间也不知道该如何作答，只好说："鸟羽、牛尾、象牙、犀角、珍珠、玛瑙、绢帛……大王无所不有，而且绰绰有余。一时之间，我还真想不到用什么报答大王。"

楚成王不依不饶，说："尽管我什么都不缺，但您至少应该表示一下。"重耳心说："你不要太过分哪，我现在流亡国外，身无分文，哪来的东西报答你呀？"

可是重耳转念一想，人家每日里山珍海味招待自己，还以国君之礼相待，总得有所表示。于是，他认真地说："如果真的要报答大王的话……我想，倘若有朝一日我与大王各领兵车，在中原的旷野交战，我就让晋军后退三舍之地。"

公子重耳果然不同凡响，"退避三舍"的典故就是这么来的。"舍"是中国古时候的长度单位，一舍相当于当时的三十里，三舍就是九十里。

楚国大夫子玉向楚成王进言："您重礼款待重耳，重耳却出言不逊，应该杀了他。"子玉已经瞧出了重耳非同常人，想要杀了他，以绝后患。但楚成王不愿做这样的事，他想，重耳尽管在外困顿多年，但贤能明理，他的跟随者也都是治国奇才……这都是上天的安排，怎么能违反天意呢？况且自己已经把话说出去了，要帮重耳夺位，怎么能反悔呢？

在春秋时代称霸，一定要始终坚守三个原则。

第一是讲信誉。信誉不好,就会被各诸侯国“给差评”。第二是有实力。实力不强，就会被各诸侯国明目张胆地挑衅。而第三个原则就是……始终坚持做到前两个原则。

这天下的霸主，楚成王也想当当，所以他自然得用实际行动告诉各诸侯，他楚成王不仅有实力，而且讲信用。

就这样，这位收过土块的公子重耳，后来回国继位，史称晋文公。不久之后，晋楚之间果然爆发了一场大战，那就是大名鼎鼎的城濮之战。

已成为国君的重耳信守承诺，当晋楚两国大军相遇时，他命令自己的军队后退九十里。楚国军队前进，晋国军队后退，楚国军队又进，晋国军队再退，最后楚国军队一直跟着晋国军队进了包围圈。城濮之战后，楚成王的霸主梦被彻底击破了。就这样，晋文公当上了春秋时期第二位真正的诸侯霸主。

2 智伯瑶

不靠谱的继承人

富不过三代。这句话大家可能都听说过，但其实，这句话的完整版可不止这几个字，原话说的是“道德传家，十代以上，耕读传家次之，诗书传家又次之，富贵传家，不过三代”。

这句话其实还透露出一个意思：富不过三代，钱是花得最快的。必须承认，在古代，如果只是让后代继承富贵，这或许并不是一个好主意。我们先不管后代们认不认同，可能他们觉得能继承富贵就够了，别的可以慢慢学。但实际上，古人想要家业能够持久地传下去，继承人的培养尤为重要。

这回要讲的故事发生在春秋时期的晋国。要知道，晋国是春秋时期诸侯国中实力很强的一个，也是称霸时间最长的一个。实力如此强大，背后自然有国君的功劳。没有晋国前期的那些国君的努力，晋国不可能成为超级大国。后来晋国的国君越来越不给力，晋国就逐渐走了下坡路，晋国的卿族势力开始变得越来越强势，他们的治地，俨然成了“国中国”。

到了晋平公时期，晋国有六卿争权。几十年后，掌权的卿族就只剩下四家了，它们分别是智氏、赵氏、魏氏和韩氏。其中，智氏和赵氏势力相对较强，两家轮流把持国政。巧的是，两家的命运轨迹都是从确立继承人之后开始改变的。

智氏的祖先是荀氏，封地在智邑（今山西永济）。据说，当时智氏为选继承人很是费了一番脑筋。那时候智氏当家的是智宣子（荀申），他想把自己的儿子荀瑶立为继承人，这时有一位族人站出来反对。此人名叫荀果，是一个很有远见的人。他对智宣子说：“请您再考虑一下，我认为荀瑶不如荀宵。”

智宣子看了看他，说："说出你的理由。"

"遵命！荀瑶有五个过人的长处。一是仪表堂堂，二是精于骑射，三是才艺双全，四是能言善辩，五是坚毅果敢。这些都是他的优点。"

"那你说的荀宵有哪些优点？"

"荀宵没有优点。"

智宣子听完就愣住了，因为他分不清荀果到底想帮谁，就问："你到底是谁的说客？"

"请您听我说完。虽然荀瑶有五大长处，但是他有一个致命的缺点，那就是居心不仁。他虽然能用五个长处来制服别人，但目的却是做不仁不义的恶事，这样谁还能和他和睦相处呢？如果真的立荀瑶为继承人，那咱们智氏离灭亡就不远了。"

智宣子听完了荀果这番慷慨激昂的话，点了点头，虽然看起来是一副听懂了的样子，但其实他根本没认真听。

最后，智宣子还是立了荀瑶为继承人。荀果听说后，心想不能留下来当炮灰，你想玩命别带着我。于是，他主动请求脱离智氏，另建家族。

就在智宣子选继承人的时候，晋国的另一大卿族赵氏的家主赵简子（赵鞅）也没闲着，他也在琢磨着该立谁为继承人。

赵简子是谁？他爷爷赵文子就是《赵氏孤儿》里的那个孤儿赵武。

在当时，赵简子属于晋国的实权派，由于此时晋国的公族势力已经很弱小了，所以对赵简子来说，选择谁来继承自己的事业，是关系到家族兴衰的大问题。

赵简子的众多儿子中，有两个儿子最受他关注，年长的叫伯鲁，年少的叫无恤。赵简子不知道该立谁当继承人好，就想了个办法。他把平时训诫儿子们的言辞写在两块竹简上，分别交给了两个儿子，嘱咐他们："这个要好好记住。"

之后，赵简子就没再提过这件事。

三年后的某一天，赵简子把两个儿子叫到身边，告诉他们，要考试了。

脑洞剧场

赵简子说："来吧，开始背诵。"

伯鲁张口结舌，因为竹简上写的东西，他一句也想不起来了，毕竟这都是三年前的事情了。

赵简子很失望，就问伯鲁："我给你的竹简呢？"原来伯鲁早就丢了。

接着他又问无恤："无恤，你来讲一下竹简上的内容吧！"

无恤二话不说就开始背："读万卷书不如行万里路，没路费的，读书……每天早晨对着镜子给自己一个微笑，告诉自己，我能，我可以……"无恤慢悠悠地全背出来了。

当然了，竹简上的内容是我编的，赵简子不可能让儿子们背诵这些东西。总之，赵简子要求背诵的内容，小儿子无恤都背下来了。赵简子很满意，问无恤的竹简在哪儿，无恤马上从袖子里取出竹简，递给赵简子。由此，赵简子就确定了继承人。

赵简子是一个聪明人，他既要选一个贤德的继承人，同时也要想办法给家族留条后路。

于是，他选中了一个叫尹铎的人，命令尹铎去治理赵氏的封地晋阳。临行前，尹铎询问赵简子："您让我去治理晋阳，是想让我搜刮财富，还是想让我安抚人心？"赵简子说："当然是为了给家族留后路。"

尹铎到了晋阳，用少算居民户数的办法，减轻当地的赋税，笼络人心。后来，赵简子把这条后路告诉了无恤，这件事被记录在《资治通鉴》里："晋国有难，而无以尹铎为少，无以晋阳为远，必以为归。"

这段话是什么意思呢？赵简子对儿子说的是"如果在晋国遇到了危难，千万不要嫌弃尹铎年轻，也不要嫌弃晋阳路途遥远，一定要投奔那里"。

就这样，晋国四卿族中，两位颇有实力的家主，都选好了自己的继承人。

智宣子去世之后，智氏的继承人荀瑶开始在晋国当政，史称智伯瑶，也叫智瑶、智襄子。不过，当时晋国名义上的统治者还是国君晋出公。

这里要交代一下，这个"出"字是国君去世后的谥号，人们用这个字来对国君的一生做出评价。像文、武、明、睿、康、景、宣，这些谥号都是美谥，就是好字眼。比如晋武公、晋文公，这一听就知道是个有作为的君主。晋国这代国君的谥号为“出”，这是因为他最后流亡楚国，客死异乡。

我们继续说晋国四卿。智氏实力强大，智伯瑶也就相对强势，即便是面对其他三个卿族的家主，智伯瑶也对他们不以为然。

有一天，智伯瑶和大夫韩康子（韩虎）、魏桓子（魏驹）一起吃饭。吃到一半，智伯瑶就开始找碴儿，一会儿戏弄这个，一会儿又侮辱那个。智伯瑶对自己的表现很满意，心想做个“毒舌”就是痛快。

不用想也知道，这顿饭韩康子和魏桓子吃得肯定不愉快。后来，智氏的家臣听说了此事，就来劝谏智伯瑶，这段话也被记录在《资治通鉴》里：“主不备难，难必至矣。”意思是说，智伯瑶如果不提防灾祸的话，灾祸就真的要来了。

结果智伯瑶差点儿笑出声来，不以为然地说：“现在晋国人的生死灾祸，都是我说了算。我没给他们降灾祸，他们就应该感恩戴德了，还有人敢兴风作浪？”

家臣继续劝谏：“您这么说可就不对了。史书上说，一个人如果屡次三番犯错误，结下的仇怨是不会摆在明面上的，应该在仇怨没有真正表现出来的时候就设法提防。凡是贤德的人，都能够谨慎地处理小事，所以不会招致大祸。现在您开了一次宴会，就得罪了两个人，怎么能不防备呢？连蚊子、蚂蚁、蜜蜂、蝎子都能害人，更何况那些身份尊贵的人呢？”

听完这番话，智伯瑶不仅毫不在意，不听劝谏，还得寸进尺。他刚得罪了韩康子，竟然又假借国君的名义，开口向韩康子索要领地。

韩康子气愤极了，心想这人也太不要脸了，刚戏弄完我，还管我要领地，真是欺人太甚。韩康子不想给智伯瑶领地，这时他的家臣上前进言。

脑洞剧场

家臣：“您别急，智瑶这个人不仅贪财好利，而且刚愎自用。”

韩康子：“你说的很对。你的意思是，我们不给他领地？”

家臣："不，我的意思是给他。"

韩康子："为什么这样说？"

家臣："您听我说完。像智瑶这样的人，如果我们不给他领地，他一定会起兵讨伐我们。不如我们给他，这样他就会变得更加狂妄，一定还会向其他人索要领地。如果其他人不给，他就会发兵讨伐，这样我们就可以避其锋芒，伺机而动。"

韩康子听完哈哈大笑："这就叫欲要使其灭亡，必先让其疯狂！"

总之，韩康子最后给了智伯瑶一处拥有万户居民的城邑。果不其然，智伯瑶大喜，转过头来，就朝魏桓子索要领地。魏桓子一开始也不想给，可他也有个家臣进言，说的跟韩康子的家臣的意思差不多，就是给他吧，给他吧，这样他就骄傲啦。骄傲使人落后。

于是，魏桓子也给了智伯瑶一处万户城邑。智伯瑶得意扬扬，接着又向赵襄子索要领地，这赵襄子就是前面提到过的赵无恤。然而，赵襄子断然拒绝了。

智伯瑶勃然大怒："我要的东西竟然敢不交出来，不给我就抢！"于是，他集合了韩氏和魏氏的兵马，去攻打赵氏。

赵襄子毫无惧意，因为他早已成竹在胸，二话不说就开始部署逃跑计划。

赵襄子知道赵氏打不过智氏，所以他一点儿抵抗的念头都没有。他跟属下商量："我应该跑到哪儿去？"

有人出主意说："去长子城怎么样？那里的城墙坚固完整。"

赵襄子说："不行，长子城刚修完没多久，百姓们疲惫不堪，谁还会帮我守城？"

接着又有人说："要不然去邯郸城，那里的仓库最充实。"

赵襄子摇了摇头说："那里也不行，仓库充实都是靠收百姓的赋税，百姓不会帮我守城的。"

这时候，赵襄子想到了他老爸之前告诉他的后路，于是最终决定去晋阳城。

不过智伯瑶带领的三家联军速度也不慢，很快便把晋阳城团团围住，甚至还引水灌城。大水眼看就要漫到城头，城中一片狼藉，可即使这样，百姓们依然对赵襄子忠心耿耿，誓死不降。

就这样，赵襄子死守了很长时间，三家联军还是没有把晋阳城攻下来……

这一天，智伯瑶到晋阳城附近巡视，魏桓子和韩康子都默契地表现出很恭顺的样子，两人一副与有荣焉的表情，陪着智伯瑶。

智伯瑶很得意，指着晋阳城笑道："二位请看，晋阳城马上就要被淹没了。我现在才知道，原来水也可以亡国！"

听到这句话，韩康子和魏桓子心里都是一紧，两人对视了一眼，心里都明白，自己领地的城池也都挨着河，等智伯瑶攻破了赵氏的晋阳之后，下一个倒霉鬼恐怕就会轮到自己。

就在此时，赵襄子派了一个叫张孟谈的人，秘密出城找到韩康子和魏桓子。

张孟谈把唇亡齿寒的道理这么一说，马上就做好了二人的思想工作。接下来，三家便开始商量对策，共同对抗智氏。

在韩魏两家倒戈之后，智伯瑶的失败便已经毫无悬念。

我们前面说过，智伯瑶实际上是一个很有才能的人，他的优点很多，几乎就是一个十全十美的人，可是他有一点不足，那就是他的思想品德不过关。

智宣子可能怎么也不会想到，自己当初精心挑选的继承人，最后却成了让家族灭亡的罪魁祸首。

3 管仲和鲍叔牙

患难之交

“朋友”二字说出来容易，但是要想做好，那就得守住一个“义”字。

这回我们讲一对春秋时期的好朋友，故事的主人公是管仲和鲍叔牙。现在有一个成语叫管鲍之交，用来形容两个人关系特别铁，说的就是他们。但在现实中，或许我们更多看到的是“管饱之交”。管鲍之交之所以珍贵，是因为他们是患难之交。

管仲名叫夷吾，仲是他的字。从小他家里就不是很富裕，每天都要为吃饭而发愁。那时的他估计只要有个“管饱之交”就知足了。“怎么才能有钱？”年轻的管仲很苦恼。

还好，天无绝人之路，管仲认识了齐国大夫鲍敬叔的儿子鲍叔牙。鲍叔牙很欣赏管仲，认为管仲是个有本事的人，于是经常接济他。管仲也爱跟鲍叔牙商量一些高大上的问题。

脑洞剧场

管仲："鲍叔牙，你说我怎样才能有钱？怎样才能成为一个任性的人？"

鲍叔牙："要不咱们合伙经商？"

管仲："没本钱！"

鲍叔牙："你没钱，但是我有啊。我可以出钱，到时候你帮着拿主意就行。"

管仲："拿什么主意？"

鲍叔牙："比方说，咱们开店卖什么？"

管仲："卖小商品，销量多，回本快。"

鲍叔牙："这主意不错，那起个什么店名？"

管仲："小商品市场？"

鲍叔牙："不够响亮，干脆以你的名字命名！兄弟，你叫什么来着？"

管仲："夷吾。"

鲍叔牙："那就叫夷吾小商品市场吧。"

一来二去，两人就开始合伙做买卖。到了分钱的时候，因为管仲家里困难，所以每次总是管仲拿大头儿，鲍叔牙呢？他也拿了大头，只不过是冤大头。

总之，鲍叔牙对管仲，那真是处处忍让，事事迁就，这大概是因为鲍叔牙的心中守着朋友之义吧。

后来，两人在商海里坚持了一段时间，最终买卖黄了。虽然有管仲帮着出主意，但经商不是只靠头脑灵活就可以成功，还得看准时机，好的生意在不恰当的时间经营，也无法赚钱。

鲍叔牙心想，既然经商行不通，走仕途也是个好出路，不如鼓励兄弟去求官，为国效力。这样，他不仅能够衣食无忧，也可以发挥他的才能。管仲的心理工作倒是很好做，因为他本来就有着不同寻常的抱负，一番未来事业的美好蓝图似乎正在他眼前慢慢展开。但是，在仕途上，管仲走得也不顺利。他多次寻得做官的机会，但每次都以被免职而告终。看起来，他的运气也真的有点儿差。

管仲做官的梦想被暂时搁置了。两人一合计：既然

文不成，武有成也行，不如去当兵好了。但是，想当好兵也不容易，战场上拼的可是真刀真枪，心理承受能力差、瞻前顾后、犹豫不决的人就可能会脚软。

在战场上，管仲心里挂念的是年迈的母亲。一想到自己战死，老母就无人赡养，晚年凄苦，在阵前冲锋、和敌军拼命的时候，他不知不觉地就放慢了脚步。管仲心想：我要保全性命，回家侍奉老母，不能在战场上丢了性命。听说要撤退了，管仲速度一下就提上来了，撤腿就跑。周围的战友看到，嘘声一片。

这时，又是鲍叔牙站出来给管仲解围，说："他不是因为胆怯，而是因为还有老母要养。"一番声泪俱下的说辞，才算挽回了管仲的名声。

没过多久，鲍叔牙和管仲就分道扬镳了，因为他们选择了不一样的主公。鲍叔牙决定辅佐公子小白，也就是后来的齐桓公，管仲则选择了公子纠。本来这两位公子都没有机会登上齐国的国君宝座，但偏偏齐国当时的国君是齐襄公。

齐襄公这个人能力还可以，但为人荒淫无道，喜怒无常。他看公子纠和公子小白这两个弟弟很不顺眼，两位公子担心哪天会遭遇不测，于是跟手下们一商量，毫不犹豫地选择了……分头逃跑！

公子纠逃到了鲁国，公子小白逃到了莒国。但接下来发生的事谁也没想到：公元前 686 年，齐国公族公孙无知杀掉了齐襄公，自立为国君。不过他不知道君主这个职业其实是个高危行业。没过多久，公孙无知自己也被别人杀掉了，齐国陷入了内乱。

这个时候，大家发现，齐国已经没有了国君，而公子纠和公子小白是齐襄公的弟弟，都是有资格继承君位的人。齐国内部有人先通知了在莒国的公子小白，公子小白立刻带着鲍叔牙往齐国赶。鲁庄公听说了这个消息，也立刻发兵护送公子纠回齐国夺位。

于是，搞笑的一幕发生了，什么执政理念，德行威望，全都靠边站，跑得快才是王道，谁先到齐国，谁就有希望当上齐国的国君。公子纠和公子小白为了赶路，连吃奶的力气都使了出来。

走到一半，管仲心想不能光自己闷头赶路，得想办法拦住公子小白，于是自告奋勇，率领人马前去拦截。等到公子小白的人马经过，管仲拉开弓，嗖的一箭，直奔公子小白而去。公子小白应声倒地，口吐鲜血。

管仲看自己一箭把主公的竞争对手射死了，觉得大功告成，赶紧回去给公子纠报信。这时，公子小白竟然慢慢地爬了起来。

这是怎么回事呢？原来管仲这一箭虽然瞄得很准，但不巧射在了公子小白的衣带钩上。当时公子小白顺势咬破舌尖，倒下装死，骗过了管仲。管仲一走，公子小白又生龙活虎地和鲍叔牙继续赶路了。他们快马加鞭赶到了齐国都城临淄，公子小白在两位正卿的拥护下登上了君位，这就是齐桓公。

另一边的公子纠得到管仲射杀了公子小白的消息后，高兴得不得了。护送他的鲁国军队想着竞争对手都已经被除掉了，就不用那么着急了，可以慢点儿赶路，这行进速度就降了下来。

六天后，一群人慢悠悠地抵达了临淄，结果发现公子小白已经当上国君了。

命运何其残酷，先给你希望，再叫你失望。公子纠和鲁国军队已经无计可施了，鲁庄公愤恨不已，立刻发兵攻打齐国，想用武力保公子纠上位。结果鲁军大败，鲁国被迫杀掉了公子纠，把管仲交给了齐桓公。

对自己有威胁的公子纠死了，那差点儿射死自己的管仲呢？是杀是留，都是齐桓公一句话的事儿。齐桓公本来想杀了管仲，但在这个时候，鲍叔牙又站了出来：“管仲不能杀！您想成就霸业，必须得靠他！”

齐桓公说：“可是我本来想拜你为相的……”

鲍叔牙连忙拒绝，随后他列出了自己不如管仲的五个方面。《国语》里是这样记载的，“臣之所不若夷吾者五：宽惠柔民，弗若也；治国家不失其柄，弗若也；忠信可结于百姓，弗若也；制礼义可法于四方，弗若也；执枹鼓立于军门，使百姓皆加勇焉，弗若也”。

这段话的意思是说：“我有五个方面不如管仲：以宽厚慈惠来安抚人民，我不如他；治理国家不忘根本，我不如他；为人忠实诚信，能得到百姓的信任，我不如他；制定的礼仪足以使天下效法，我不如他；立在军门之前击鼓指挥，使百姓更加勇猛，我不如他。”

鲍叔牙对齐桓公说：“您要治理国家，我可以辅佐您；但是您要成就霸业，只能让管仲来辅佐您！”

故事的结局自然是齐桓公听取鲍叔牙的建议，重用了管仲，管仲也帮助齐桓公成就了一番霸业。

而鲍叔牙连送上门的相位都不要，甘愿一直当管仲的副手。不过正是因为有鲍叔牙这样无私的好友，才能让管仲一展才能，辅佐齐桓公成就霸业。正如管仲所说：“生我者父母，知我者鲍叔也！”

4 楚成王

霸主陪跑专业户

春秋时期曾经出现过五个叱咤风云的君主，后世的人称他们为“春秋五霸”。他们分别来自五个国家，不过这五个国君具体是谁，在史料记载里有多个不同的版本。比如《史记》里说“五霸”是齐桓公、宋襄公、晋文公、秦穆公和楚庄王，《荀子》里则说是齐桓公、晋文公、楚庄王、吴王阖闾和越王勾践。

这次我们要讲的是楚国的第二十三任国君——楚成王熊恽。别看他在不管哪个版本的“春秋五霸”里都榜上无名，但他却和“春秋五霸”里的“四霸”都发生过故事。按照《史记》的“五霸”版本，这“四霸”当中，可能他唯一放过的人，就是他的亲孙子楚庄王。当然，他压根儿没见过这位霸主孙子。

说起楚成王，应该说他是一个事业心很强的人，因为他无时无刻不在想着振兴楚国，让楚国占其他诸侯国的便宜，最后称霸中原。只可惜，楚成王当霸主的愿望从未实现，每次都只是被提名，长期处在陪跑的位置。

楚成王陪跑的第一个人就是春秋第一霸齐桓公。齐桓公不计前嫌，任用管仲为相，大兴改革，推行富国强兵的政策，并听取管仲“尊王攘夷”的建议，开始了称霸中原之路。

楚成王对此十分不服气，想与齐桓公争当霸主。于是，他和齐桓公之间长达十余年的争霸比赛拉开了序幕。

齐国位于北方，楚国位于南方，双方你争我夺，在前期，齐国稍占上风。公元前656年春天，齐桓公为了遏制楚国北进，率领齐、鲁、宋、陈等诸侯国的军队攻打楚国的属国——蔡国。蔡军溃败，齐桓公率军继续南下，兵临楚国的边境。

眼看大军压境，自己又处于下风，楚成王明智地选择不跟齐桓公正面冲突。他一方面派出使者与以齐国为首的联军和谈，另一方面暗中向跟齐国关系比较暧昧的江淮小国发动了进攻。

楚国使者一上来就很硬气地质问齐国，说："大哥，你们在北边，我们楚国在南边，咱们是风马牛不相及的国家，你们为什么大老远过来打我们？"

管仲冷笑道："你们以为我们是无缘无故过来打你们的吗？"

管仲滔滔不绝地从齐国的国家使命，讲到两国几百年前的恩恩怨怨。说了大半天，楚国使者不耐烦了："所以，你们的理由是什么？"

管仲这回不绕圈子了，严肃地对楚国使者说："尔贡包茅不入，王祭不共，无以缩酒，寡人是征。昭王南征而不复，寡人是问。"

管仲说的意思是："你们楚国太过分了，居然没有向周天子交纳应该进贡的包茅，让周王室每次举行祭祀仪式的时候，都没有茅草过滤酒渣，严重影响了周王室的祭祀，因此我们国君特地前来征收贡物。还有当年周昭王南征楚地没有返回，我们国君特地前来查问这件事"。

楚国使者听完回答道："没有向周天子进贡，是我君的过错。但是，周昭王南征未还，还是请你们去水边问一问吧。”

楚国使者的解释，并未让齐桓公停下南征的步伐。那一年夏天，齐桓公率军直达楚国的陉地（今河南漯河），楚成王派屈完率兵迎击。后来，齐桓公与屈完订立了盟约，齐军撤出了楚地。

秉持着锲而不舍的精神，楚成王跟齐桓公对上了。后来他成功地熬死了管仲，又把齐桓公熬死了。齐桓公死后，齐国的势力日渐衰落，楚成王便乘机占领了淮河中上游的大片土地，成了齐楚争霸中笑到最后的胜利者。

现在想想，到底是什么让楚成王赢得了胜利呢？那就是长寿。当然，这跟楚成王对称霸事业孜孜不倦的追求也是密不可分的，在他的词典里就没有“认输”这个词。

话说，齐国陷入了内乱后，不自量力的宋襄公也想尝一尝当霸主的滋味。公元前639年春，宋襄公依靠楚国的帮助，在鹿上（今安徽阜南）会盟诸侯。不过在会盟的时候，宋襄公以盟主自居（按照当时的惯例，谁组织会盟，谁就是盟主）。这引起了楚成王的强烈不满，当时楚国的国力明显比宋国的强，不过楚成王准备不足，所以就没搭理宋襄公。没想到，宋襄公当了一次盟主之后，居然还当上瘾了，不开会，他这心里就不踏实。于是，宋襄公决定再主持一次会盟。

秋天，宋襄公召集诸侯再次会盟，这次会盟的地点叫盂，也就是今天的河南孟津。

这次楚成王可是有备而来的。宴席上，宋襄公还在以盟主自居侃侃而谈，楚成王把手里的杯子往地上一摔，事先埋伏好的楚国士兵冲出来，把宋襄公给俘虏了。

楚成王带着士兵把宋襄公押回了楚国，直到后来鲁国国君出来调停，楚成王才把宋襄公放回去。然而宋襄公回国之后，完全没有认识到自己的问题，他还是不死心，一心想当霸主。这时，楚成王非常“贴心”地派兵跟宋国打了一仗，宋襄公终于……想明白了。

楚成王靠着寿命长熬死了齐桓公，又用雄厚的实力完败宋襄公，“春秋五霸”他算是“战胜”了两个。虽然楚成王已经做了很多，但他还没有放弃，他希望楚国可以蒸蒸日上，每一个想要当霸主的人，最后都要被他踩到脚下才行。

好累!!!
加油!
楚成王
晋文公
宋襄公
齐桓公
终
嘿嘿

楚成王不是诸侯公认的霸主，这或许不是因为他实力不行，而是因为他不组织大家开会。后来，楚成王又跟一位霸主发生了故事，这位就是大名鼎鼎的晋文公重耳。

公元前637年，流亡的晋国公子重耳途经楚国，却有意外收获。楚成王用迎接国君的礼节款待重耳，这是对重耳身份的一种莫大肯定。之后，楚成王还赠送重耳许多金银财宝、车马绸缎。重耳非常感动，向楚成王许诺，如果将来当了晋国的国君，在两国发生战争的时候，会让晋军退避九十里，以此报答楚成王的厚遇。

四年之后，晋楚两国真的兵戎相见。两军对阵，已经成为晋国国君的重耳果然信守承诺，命令晋军退后九十里，一路退到了城濮。楚军的大将名叫成得臣，原本也是一位将才，可这一仗也不知道他是怎么了，鬼迷心窍地就领着楚军跟着晋军跑。晋军退了九十里，楚军就跟着追了九十里。

随后两军交战，成得臣虽然既没有战死，也没有被俘虏，但是他率领的士兵却伤亡惨重，城濮之战最终以楚军大败而告终。晋文公借着这场胜利，组织各诸侯开了个会，成为新的中原霸主，楚成王这次又成了晋文公霸业的背景板。

英雄也有落幕时，公元前626年，在位四十多年的楚成王被太子商臣逼迫自杀。他是春秋时期在位时间比较长的君主，就这一点来说，楚成王确实是一个很难应付的对手。

5 晏婴

用舌头撑起身高

都说“身高不够，发型来凑”，大家知道，古时候人们的发髻确实有点儿高，一米七五的人把头发束好，可能身高就到一米八了。

话说在春秋时期，有一位著名的外交家，他每次出使的时候，都非常注重自己的仪表，但束好发髻之后，他还是很矮……

此人便是齐国的三朝元老晏婴，史书上记载，晏婴身材矮小。虽然他个头不高，但这无损于他高大的形象。要知道，一个人长得高，并不意味着这个人的品格就高尚。想要让自己形象高大，可以有很多种方式。晏婴也有自己的方式，那就是用舌头撑起一片天，因为他的口才的确非同一般。

在那个群雄崛起、弱肉强食的时代，晏婴用智慧跟命运抗争，在世间为自己争得了一席之地。

晏婴，字仲，谥号平，所以后人称他为平仲。后世的人为了表示尊重，称他为晏子。我们原来说过，在姓后面加一个子，这是尊称。比方说孔子、孟子、庄子、孙子。

晏婴一生在齐国辅佐过三位君主，他们分别是齐灵公、齐庄公和齐景公。大体来说，三位国君对他都还算不错，把晏婴放在身边，不知道这三位国君是不是觉得只要有晏婴在，就……显得他们很高。

这么算下来，晏婴的辅政时间着实很长，有五十余年。可以说，晏婴是一个勤勤恳恳、兢兢业业、不知道退休为何物的老干部。

但是晏婴最活跃的时期，还是齐景公在位的时候。因为前两任国君对晏婴进谏的态度，基本可以总结为“冷漠”两个字。

史书记载，齐灵公不听晏婴的劝告，被敌军放火烧了都城临淄的外城；齐庄公不听晏婴的劝告，结果吃了败仗；唯独齐景公特别重视晏婴的建议。不仅如此，齐景公还封晏婴做国相。也因为这份信任，晏婴才能够放开手脚，做出很多成绩。

关于晏婴，大家最熟悉的可能是他的外交手腕。晏婴最著名的外交故事就是“晏子使楚”。大家知道，在齐桓公去世后，齐国日渐衰落，国力大不如前，而楚国自从楚庄王一鸣惊人之后，反而蒸蒸日上，国力越来越强。

在这种楚强齐弱的局面下，齐国就想跟楚国建立友好关系，别让吴国太嚣张。但是派谁出使楚国呢？最后，齐国国君决定派晏婴走一趟。

而楚王自恃兵强马壮，对齐国使者的到来，并没有表现出应有的热情。相反，晏婴刚到楚国，楚王就起了轰走他的心思。

楚王心想：“寡人不能轻易见他，得给他增加难度！”所以晏婴立刻遇到了挑战。

首先就是进门。晏婴不是个子矮吗？楚国君臣就变着法地羞臊他。《晏子春秋》记载："楚人以晏子短，为小门于大门之侧而延晏子。"

这句话是什么意思呢？意思就是楚国人知道晏婴身材矮小，就在大门旁边开了个小洞，请晏婴从小洞进去。要说这场面也确实尴尬，晏婴穿着使臣的衣服，走出齐国华贵的马车，结果发现门关着。怎么办？难道要晏婴跳起来敲门吗？

脑洞剧场

晏婴边跳边喊："开门！开门！"

迎接宾客的门卫说："您还是走旁边的小门吧，那是我们特意为您开的，尺寸正合适。"

晏婴大喊道："这可是狗洞！"

门卫点点头："对，VIP狗洞。"

晏婴笑了，说："你告诉楚王，出使狗国，我才从狗洞进去，出使楚国，让我走这里……难道说……"

门卫一听就急了："我们楚国可是泱泱大国，来这里做客的人请走大门！"

总之一来二去，楚国人没有达到目的，只能老老实实地请晏婴从大门走。

不过楚王没打算放过晏婴，等他来拜见自己的时候，楚王上来就问："齐国没有人可派了吗？竟然派你做使者！"可是晏婴的回答不卑不亢："在我们的都城临淄，人们展开衣袖，可以遮住太阳；大家挥洒汗水，就像下了一场雨；街上的行人肩膀擦着肩膀，脚尖碰着脚跟。您怎么能说齐国没有人呢？"

楚王继续追问："那齐国还派你来？"

晏婴回答道："其实，我们齐国派使节出访是很有讲究的。精明能干的使臣，会被派遣出使那些道德高尚的国家；而愚蠢无能的使臣，就会被派遣出使那些不成气候的国家。很荣幸，我最近刚刚侥幸夺得了全国最愚蠢无能使臣的称号，所以我只能出使楚国了。"

楚王彻底无语了，他的内心受到了不小的打击，于是他后来又派了好多文臣跟晏婴斗嘴，但都被晏婴一一化解。没办法，晏婴口才太好了，搞得楚王手下的文臣们差点儿咬了自己的舌头。

楚王赶紧召集大臣，说："这么下去不是办法，一屋子人说不过晏婴一个人，这以后我们楚国还怎么混？你们快出个主意，寡人要羞辱一下他，不管用什么办法！"

群臣集体摇头，心说："坏了，大王闹起别扭来了。"

大家赶紧开会，集思广益，最后还真想出了一个主意，就是等晏婴下次朝见楚王的时候，他们故意绑上一个人从宫殿前走过。到时候楚王问这个人是哪国人，来人就回答是齐国人。然后楚王再问他犯了什么罪，来人便说是偷窃罪。多好的剧本！不仅羞臊了晏婴，而且连齐国上上下下都可以羞臊一遍。言外之意，你们齐国人都是小偷。

剧本已经写好，只等晏婴到来，反正大家都排练好多遍了。

一切都按照剧本进行，当那个人承认自己是犯了盗窃罪的齐国人的时候，楚王就顺势问了晏婴一句："你们齐国人都是这个样子的吗？"

只见晏婴淡定从容地回答："我听说淮南的柑橘又大又甜，但种到淮北，就只能结出又小又苦的枳。它们叶子相似，果实味道却完全不同，还不是因为水土不同吗？同样的道理，齐国人在齐国安居乐业，好好地劳动，结果一到楚国就做起了盗贼，莫非是楚国水土的问题？"

《晏子春秋》里描述了楚王的反应："王笑曰：'圣人非所与熙也，寡人反取病焉。'"什么意思呢？这说的是人不要跟圣人开玩笑，不然就是自找没趣。

这就是南橘北枳的典故。

有一次，中原的强国晋国谋划攻打齐国。我们知道，打仗之前一定要先打探敌军的实力，否则敌军强劲，打不过怎么办？

于是，晋国便派大夫范昭出使齐国。齐景公盛情款待了范昭。宴席间，齐景公问他：“不知贵国使者来访，有何贵干？”

范昭心想：我要是跟齐国国君说自己是来打探军情的，他肯定得把我撵回去。于是范昭装傻充愣，不肯说出来意。

宾主双方就继续喝酒，喝得还挺高兴。等到大家都有了几分醉意，范昭便借着酒劲对齐景公说：“请您……给我一杯酒喝吧！”

齐王回头让侍从把酒倒在自己的杯中，递给范昭。范昭接过侍从递来的酒，一饮而尽。一旁的晏婴把这一切看在眼中，立马严厉地命令侍从扔掉范昭用过的酒杯，为齐景公换了一个新的。

原来，依照当时的礼节，在酒席之上，君臣应该用各自的酒杯。范昭用齐景公的酒杯喝酒，这个行为违反了礼节，是对齐国国君的不敬。其实，范昭是故意这样做的，目的就是想试探一下对方的反应，这一试果然试出了东西。范昭回国之后，便向晋平公报告："现在可能还不是攻打齐国的时候，齐国有晏婴，咱们去打未必讨得到便宜。"

总之，晋平公放弃了攻打齐国的打算。晏婴就这样通过外交手段，将兵祸消弭于无形。后人把这种行为总结成一个成语——折冲樽俎。

不过晏婴的职责还不止上述这些，有时候他还要担任齐景公的风险评估师。有一次，齐景公的一匹爱马突然死了，齐景公大怒，下令把养马的人抓起来处死。这时晏婴正好在场，立即上前阻止。他对齐景公说："这个人的确该死，但是他还不知道自己犯了什么罪，请让我列举他的罪状，让他死个明白，可以吗？"齐景公说："好，寡人正愁找不着理由呢！那你说吧！"

晏婴就开始细数养马人的罪状："你犯了三条大罪。

国君让你养马，你却把马养死了，这是第一条死罪；你养死的马是国君最喜爱的，这是第二条死罪；因为你养死了马而使国君杀人，百姓听说之后一定会埋怨他，诸侯听说之后一定轻视我国，你养死了国君的马，最后导致百姓生出怨恨，邻国轻视我们，这是第三条死罪。你知罪吗？”

齐景公喟然长叹：“把他放了吧！其实寡人还是很善良的。”

除此之外，晏婴还要当齐景公的心理咨询师。有一次，齐景公去牛山游玩，本来玩得好好的，齐景公突然哭了。

两个陪同的大臣立刻愣住了，心想：这是犯了什么毛病？两人赶紧开始用眼神交流，挤眉弄眼起来。

这边眨眨眼，那意思是说：“主公怎么哭了？”

那边眉毛挑一下，表示：“我也不知道。怎么办？”

这边眼睛一瞪：“还能怎么办？咱们也得哭！”

那边眼屎都要挤出来了，表示自己没有眼泪。

这边只能用一个坚定的眼神告诉他，使劲挤！

就这样，经过一番眼神的交流，两个大臣也莫名其妙地哭了起来。

齐景公感叹道："站在牛山上看着都城临淄，人怎么能像奔腾咆哮的流水，离开这美好的山河而死去呢！"乍听起来，这是一句充满文艺气息，带着淡淡哀愁的感叹，实际上齐景公的意思就是怕死。

接下来的场景就诡异了：齐景公在哭，两个大臣也在哭，只有晏婴在笑。齐景公生气了，大声地质问晏婴："说！笑点在哪儿？寡人为什么感觉不到？"晏婴笑了笑说："主公，如果古人都不死，那么太公、丁公（齐国的第一代、第二代君主）将永远保有齐国，你的爸爸和爷爷，以及你爷爷的爷爷就都将辅佐他们，到那时……还有您什么事儿？那时的您，肯定会戴着斗笠，穿着粗衣，手持农具种地，哪儿还有闲工夫忧虑死亡的事情！而您偏偏因为这种事流泪伤情，这是不符合仁义道德的。不仁义的国君我看到一个，拍马屁的近臣我看到两个，您说我能不笑吗？"

齐景公听完十分惭愧，举起酒杯来自罚了一杯酒，又罚了两个大臣一杯酒。或许晏婴也要哭了："你们都有酒喝，这是在罚我吧？"

6 宋襄公

一个有原则的人

什么叫原则？原则就是观察问题、处理问题的准则。我们面对一些事情的时候，其实在心底早已经形成了某些标准，这些标准不是在这一刻形成的，而是日积月累，早已埋在我们心中。

做人应该有原则，可有的时候，如果把错误的标准当成原则，那后果就不堪设想了。

这回我们讲的故事发生于春秋时期。公元前 643 年，“春秋五霸”之一的齐桓公去世了。那么今天的故事就是讲齐国的吗？不是。这个故事的主人公并不是齐桓公，而是另有其人。不过齐桓公的事情也要交代一下，因为这是故事的背景。

说起来，齐桓公身后凄凉，他去世后，他的儿子们没有一个悲伤哀痛的。这些公子们做的第一件事不是成立治丧委员会，他们甚至都没工夫假装流几滴眼泪，因为他们已经打起来了。大家的想法高度一致，那就是先把有资格和或许有资格继承国君之位的兄弟们干掉再说。公子们不约而同意识到，应该干掉的人还挺多！

一个字，打！

到这个时候，周天子立下的规矩，早已被齐桓公的子孙们抛到九霄云外去了。什么立长不立幼？迂腐。

想抢国君的位子要靠实力说话。大家实力相当？好办，就看哪位公子反应快了，先下手为强。于是，齐桓公的尸体被放置了六十多天都无人理会，因为他的儿子们都在忙着抢位子呢。齐桓公在天有灵，估计都快气炸了，因为他的尸体都放臭了。

齐桓公苦心经营几十年，好不容易让齐国成为中原霸主，千算万算，却没算到，自己生了一窝败家子。

由此可见，搞建设的时候，或许努力奋斗几十年，也无法达不到理想的标准；但搞破坏的时候，不需要付出很多，就可以轻易做到。自此，曾经称霸天下的齐国开始一蹶不振。

最终，佞臣竖刁、易牙拥立齐桓公的长子公子无亏当了国君。而齐桓公认定的继承人公子昭，惶惶如丧家之犬，仓皇地逃到了宋国。

公子昭见到宋襄公后，眼泪便如决堤的黄河一般，奔涌而出，他赶紧把自己的遭遇一五一十告诉宋襄公。

听完公子昭的话，宋襄公义愤填膺，顿时豪气干云，发誓要助公子昭登上齐国国君之位，顺带让自己的仁义之名扬于天下，进而成为诸侯中的霸主。宋襄公觉得自己机会很大，除了死去的齐桓公，没有人能与自己一争高下。

宋襄公认为，只有仁义的国君才能够称霸诸侯，而这个人必须是自己，因为周围也没有比自己更仁义的人了。宋襄公立刻采取行动，不久，他就广发“江湖令”，号召各诸侯国一起平定齐国的内乱。可惜，没有几个诸侯搭理他。

因为号召力是需要实力作为支撑的。宋襄公不考虑宋国的实力，只想凭着自己的仁义动员力量，这怎么能服众呢？宋襄公觉得自己仁义，其他诸侯觉得自己比他更仁义。结果显而易见，响应者寥寥无几。当然，比宋国更加弱小的卫、曹等小国还是派来了人马。

乱世之中，弱肉强食在所难免。春秋时期的宋国并不强大，可是比宋国更弱的国家也有很多，所以宋襄公一举起仁义大旗，几个小国当然得乖乖派来人马。

这一次，宋襄公运气很好。齐国内乱让大臣们惶惶不可终日，突然见到以宋国为首的联军气势汹汹地赶来，并且还师出有名，大家心里也找到了方向。于是，大臣们诛杀了乱臣，恭恭敬敬地迎接公子昭即位。公子昭就是后来的齐孝公。

干净利落地处理了齐国内乱后，宋襄公的骄傲开始膨胀，他觉得自己首举义兵不同凡响，既然号称天下盟主的齐国发生内乱，都由自己摆平了，那为什么不乘此机会会盟诸侯，当一回老大呢？

于是没过多久，宋襄公再发“江湖令”，通知宋国周围的各诸侯国开会。

其实大家都知道宋襄公的真正号召力。他一说开会，大家非但不来，甚至恨不得能跑多远就跑多远。最后，来参加会盟的只有几个小国。而且令这些小国君主郁闷的是，这位宋国国君并没有他嘴上说的那么仁义，总是欺负他们。

有当霸主的理想，却没有霸主的气度；有霸主的架势，却没有霸主的实力。最关键的是，这个人还特别喜欢开会！

结果，开了几次会，大国不来，小国不服……

如何才能扩大影响力呢？宋襄公左思右想，想到了一个主意，那就是联络楚国。

利用楚国的军事实力，让那些看不起自己的大国和不服气的小国屈服，然后促成自己的霸业。事实证明，宋襄公可能脑子不太清楚。

我们稍微想一想就能明白，楚国拥有那么强悍的实力，会将霸主之位让给宋襄公吗？然而宋襄公就认为楚国会这么做，因为自己仁义，思想品德好！无形之中，宋襄公把仁义当作了自己的标签，当成了自己的原则。但是宋襄公不知道，他坚持的所谓仁义会带来多么可怕的后果。

公元前 639 年春天，宋襄公邀请各国诸侯到鹿上会盟。最后只有齐国和楚国的国君来了。不过齐楚两国是大国，宋襄公觉得自己挺有面子的，竟然得寸进尺，提出要当盟主。来参加会盟的楚成王一时没反应过来，宋襄公就当上了盟主，过了一把瘾。秋天，宋襄公借着楚国的声势，又在盂地组织会盟。这回有楚国做靠山，他有号召力了，大大小小的诸侯都来了。宋襄公心花怒放，就等着当霸主了。他觉得自己应该当一个仁义的霸主，所以决定开会就不带兵马了，以德服人。

宋襄公手下有一个大臣叫目夷，如果放在今天，估计他当时就会对宋襄公说："主公您要是疯了，为什么不看病？"

但他能说得这么直接吗？他只能劝说宋襄公，万一楚王不怀好意，宋国没有兵马，就无法应对了。宋襄公却说："我们会盟就是为了不再打仗，带了兵马还怎么当盟主？所以我们要以身作则。"目夷再三劝说，宋襄公还是不听。没办法，几个人只好跟着宋襄公去参加会盟了。

据悉，会盟时，宋襄公和楚成王进行了非常不友好的会面，甚至吵了起来。

因为宋襄公想利用楚国的实力当霸主，而楚成王怎么可能满足宋襄公的痴心妄想。所以两人很快就谈崩了。

或许是因为楚成王的口才不如宋襄公的，号称“仁义”的宋襄公太能说了，洋洋洒洒，口若悬河，最后说得楚成王十分不爽，直接下令让士兵把宋襄公带回楚国，把他绑走了……

楚国士兵蜂拥而上，宋襄公还没回过神来，就已经变成了阶下囚。他心里大概也后悔：要是带几个兵就好了。不过最令宋襄公郁闷的是楚成王绑走他的时候，竟然没有一个诸侯为他求情。如果宋襄公当时大喊一声：“我人缘有这么差吗？”估计各诸侯一定会说：“没错！”

不过最后，在鲁国和齐国的调解下，宋襄公只能承认楚成王才是天下老大。楚成王一高兴，才把“仁义”的宋襄公放了。毕竟都是天下老大了，心胸总得宽广一些。

宋襄公本想借助楚国实力，成就自己的霸主梦想，却为他人作了嫁衣。而且，自己的被抓与被释，更使楚成王在诸侯中树立起了高大的形象，众多诸侯国纷纷唯楚国马首是瞻。

这口怨气堵得宋襄公很不舒服。更让他难受的是原来听从宋国号令的郑国，此时竟然也表示服从楚国的领导了。

宋襄公当时就急了："打不过大国，难道还打不过小国吗？"他一气之下，决定惩罚一下郑国。

于是，在公元前638年，宋襄公出兵伐郑。可是他也不想想，此时的郑国已经跟随楚国了，宋国去打郑国，楚国会坐视不管吗？当然不会。楚国立刻发兵，直取宋国。

宋襄公一看楚国发兵，又慌忙下令撤军。宋军退到泓水的南岸驻扎，严阵以待。

楚军兵多将广，全然没把弱小的宋军放在眼里，在白天就开始强渡泓水。不过出人意料的是，士兵们一下到水里，秩序马上乱了，或许楚军之前也没有搞过渡河训练，所以一下子场面就跟菜市场一样热闹了。

楚军闹哄哄一团，兵不识将，将不识兵……真是千载难逢的好机会啊！大臣目夷即刻禀告宋襄公："此刻进攻最为有利。敌强我弱，但此时强敌乱成一团，我们就打他一个措手不及！"

宋襄公听完摇了摇头，说："咱们是什么人？仁义之师啊！趁敌人过河时开战，这不是败坏寡人的仁义名声吗？再等一等，等一等。"

宋襄公发话要等一等，宋军只好继续等着楚国大军上岸。

楚军好不容易渡过泓水上岸了，队伍依然乱哄哄的，士兵都在找自己的领头人。换成别的指挥者，早就让士兵杀过去了，可是宋襄公要讲“仁义”，端着一副胜券在握的架子，看起来非常有耐心。

目夷看在眼里，急在心头，他再次向宋襄公进言：“我们不能再等了，请您赶快下令进攻吧。如果等楚国大军摆开阵势，我们的军队太弱了，是无法抵挡的。”

宋襄公听完不高兴了，说：“你怎么这么不讲仁义呢？我们可是仁义之师，敌人连阵势都没有摆好，怎么打？再说我们都已经等了这么长时间了，还怕再多等一会儿吗？”

宋军只好接着等。

终于，楚军排好了阵型，显现出大军的威仪。随着鼓声，楚军潮水一般地冲上来，坐等挨打的宋军立刻就溃败了。

宋襄公在此战中还被流箭射中了大腿，跌下战车，多亏宋军将士拼死保护，杀出一条血路，他才得以逃回都城。

宋国的人听闻宋军战败，纷纷指责宋襄公无能。一年后，宋襄公因伤势过重去世。

宋襄公想要以“仁义”的名声得到诸侯敬畏，登上霸主之位，最后却伤在了自己对“仁义”的执念上，不仅失去了性命，也失去了国人的心。

7 楚庄王

没人比我更能“装”

很多人都想走上人生巅峰，在努力的过程中，大家可能会遇到阻力和困难，如果你遇到了自认为无法解决的问题，该怎么办？在有些情况下，你可以尝试“假装镇定”这个小窍门，或许立马就能解决问题！

比如，你感到非常紧张，心脏跳得很快，汗不停地流，这时该怎么办？你可以用纸巾把汗擦干净，然后假装镇定。

有的时候，人的外在表象确实容易迷惑旁观者，而我们这回要讲的楚庄王，就是一个擅长用外表迷惑他人，或者说特别能“装”的人。

之前我们讲过城濮之战以楚国战败而告终。这场战争削弱了楚国的实力，没过几年，楚成王被太子商臣逼迫自杀，商臣继位，便是楚穆王。

楚穆王对城濮之战的失败很不甘心，他一方面励精图治，发展楚国，一方面抓紧操练兵马，发誓要与晋国决一雌雄。

在楚穆王的领导下，楚国首先吞并了附近的几个小国，接着又将中原的陈、郑等国拉到自己的阵营。公元前 614 年，楚穆王雄心勃勃，豪情万丈，准备进一步扩大楚国的势力。然而就在这一年，楚穆王去世了。

满朝文武心说："刚想跟着大王您好好干，结果您自己先入土了。"

接下来，楚穆王的儿子熊旅继任国君，这就是历史上鼎鼎有名的楚庄王。他身上担负着振兴楚国的重任，那么，这么重的担子他该怎么担？

在外人看来，刚即位的楚庄王什么正事也不干，整天声色犬马。

公元前 613 年，晋国看楚国忙于办丧事，新任国君又不理政事，正是称霸的好机会，所以赶紧会盟诸侯，订立盟约，把原本被楚国拉过去的陈、郑等国变成了自己的附庸。第二年，晋国更是在楚国的家门口攻打依附于楚国的蔡国。

楚国的大臣们群情激奋，摩拳擦掌，誓要与晋国决战。至少，不能把刚刚获得的那点儿成就丢掉。

可楚庄王这时还很年轻，似乎已经没有什么人能阻止他尽情享乐了。除此之外，他对别的事情全无兴趣，包括国家的政务，他也做到了……“完全”不放在心上。

转眼间，三年过去了，楚庄王每天只干三件事：打猎，喝酒，和美女谈恋爱。

大臣们都急了，心想：我们怎么碰到了这样的领导，整天不理朝政，天天就知道吃喝玩乐，这么下去对身体也不好啊，别年纪轻轻也去世了，咱们得劝劝大王啊。于是，大臣们纷纷劝谏楚庄王不要再耽于享乐。

听大臣们说得多了，楚庄王干脆在宫门口挂起一块大牌子，上面写着：“进谏者，杀毋赦！”

一听国君说要杀头了，一部分大臣立马就换了另一副面孔，开始称赞楚庄王做得很对。而另一部分大臣即使着急，也不敢明着进谏了，只能憋在心里。

总之，没有人再敢向楚庄王进言，他的耳边清净了。

有一天，终于有个大臣忍不住了，来找楚庄王。这个大臣叫伍举，他可不是一般人，著名的军事家伍子胥见了他，还得喊一声爷爷。

伍举来找楚庄王的时候，楚庄王正端着酒杯，嚼着鹿肉，醉醺醺地观赏歌舞。看到伍举进来，楚庄王眯着眼睛问：“你来做什么？是要喝酒，还是要看歌舞？”

伍举听完，诚惶诚恐地回道：“我见大王喜欢娱乐，但是歌舞看多了也难免会无趣，所以特意来凑热闹，为大王解闷。最近有人让我猜一个谜语，我脑袋太笨，怎么也猜不出来。大王英明，肯定能猜得出谜底。于是，我斗胆跑来请教大王，也是想为大王解闷的。”

楚庄王听完面露喜色，心想这个伍举真是很会说话，不逼着他励精图治，而且眼光也好，居然能看出来他很英明。他放下酒杯问伍举：“什么谜语？有那么难猜吗？你且说来，看看寡人能否猜出谜底。”

伍举说：“楚国的南山有一只巨大的鸟，整整三年，不飞不动也不叫。大王啊，我脑袋笨，您知道这究竟是为什么吗？”

楚庄王听后，心里明白伍举的这个谜语是在影射自已，于是回道：“这个谜语，简单得很，我猜着了。告诉你吧，这只鸟可不是普通的鸟。三年不飞，是在积蓄力量，丰满羽翼；三年不动，是在运筹帷幄，决定志向；三年不叫，是在观察外界的发展变化，谋划策略。此鸟不飞则已，一飞冲天；不鸣则罢，一鸣惊人。你就等着瞧吧。”

伍举明白了楚庄王的意思，觉得楚国还是有希望的，便高兴地退了出来。

这就是成语“一鸣惊人”的出处。

此后，楚庄王开始听取大臣的建议，他整顿内务，招揽人才，严肃朝纲，厉兵秣马，楚国的方方面面很快就进入正轨，换了新气象。

公元前 597 年，在孙叔敖的辅佐下，楚庄王亲率三军北伐郑国，楚军在击败郑军后，又与晋军展开邲城之战。拥有六百辆兵车的晋国军队，经此一役几乎全部覆灭，楚庄王终于做到了一飞冲天，一鸣惊人。

之后，楚庄王又陆续迫使鲁、宋、郑、陈等国归顺楚国。

在楚庄王统治时期，楚国的国力强盛至极。就这样，继齐桓公、晋文公之后，楚庄王成为春秋时期当之无愧的第三位霸主。

8 伍子胥

犯我至亲者，虽远必诛

伍子胥一家本来是楚国人，要说他们伍家在楚国也是很有名望的。他的爷爷伍举，就曾经以劝谏楚庄王而闻名，父亲伍奢更是被楚平王任命为太子太傅，也就是太子的老师。不难想见，有朝一日太子成为国君，太子老师的日子自然会过得很舒服。

如果按照这个剧本演下去，历史上的伍子胥绝不会变成我们现在认识的这个样子。

有意思的是，伍子胥的父亲是太子的老师，而改变他命运的，恰恰是太子的另一个老师——费无极。同为太子的老师，费无极和伍奢有很大的不同，而他们最不一样的地方在于，费无极是一个小人。

当时秦国和楚国准备联姻。这在古时候很常见，因为联姻也是一种外交手段。两个国家联姻之后，就有可能出现这样的情况：甲国国君的夫人是乙国国君的闺女，丙国国君是丁国国君的外甥。既然大家都是亲戚，那就别打架了，打来打去都是一家人嘛。

秦国和楚国大体也抱着这个目的。秦国本来想把秦景公的女儿嫁给楚国的太子熊建。于是，楚平王就派费无极去迎亲。费无极见秦女绝美，便鼓动楚平王将其收入后宫。

费无极又担心太子得势后报复，便趁太子在外时，造谣太子要造反。楚平王一听那还得了，马上派人抓捕太子的老师伍奢，又派人去追杀太子。

对费无极来说，斩草要除根。既然伍奢在劫难逃，那就一不做二不休，把他两个儿子也一并处死，不给他们任何机会。

于是，费无极继续煽动楚平王，一定要把伍奢的两个儿子杀掉。他对楚平王说："伍奢的两个儿子都很有才能，如果不除掉，以后会成为楚国的祸害。”楚平王同意了。

费无极利用伍奢作为人质，想把他的两个儿子引出来。他对伍奢说：“如果你能把两个儿子一起叫来，就饶你不死，叫不来就把你杀掉。”伍奢听完笑道：“没用的，我的大儿子伍尚，知道了一定会来。但我的二儿子伍员（就是伍子胥）性格刚烈倔强，他知道来了也是一起被杀，所以肯定不会来。”

楚平王不相信，就派士兵去找伍氏兄弟，对他们说：“如果你们跟我们回去，你们的父亲就能活下来；如果你们不跟我们走，你们的父亲必死无疑。”

伍尚听了之后马上就要跟士兵们回去，可是伍子胥拦住了他，兄弟俩争吵起来。

伍子胥说：“楚王之所以叫我们回去，并不是想留下父亲的性命，而是怕我们跑了，以后找他们报仇，所以才会用父亲当人质，骗我们回去。”

“不！我要回去！我知道救不了父亲，但是如果自己逃走了又没能帮父亲复仇，不更叫世人耻笑吗？我就算死也要跟父亲死在一起。”伍尚也知道自己回去必死，依然坚定地要回去。

说罢伍尚便走向了来人，束手就擒，那些士兵还想抓伍子胥回去，可见到伍子胥弯弓搭箭、气势汹汹的样子，便无人再敢靠近他。

伍子胥逃走了，果不其然，他的父亲和哥哥最后都被楚平王杀掉了。

刚烈如伍子胥，知道了这个消息后，眼眶也不禁浸满了泪水，一夕之间，父亲和兄长双双离去，原本出身名门望族，前程一片坦途的伍子胥，现在却成了一个通缉犯。

有时候一个人的命运就是会如此轻易地被改变，转瞬之间，我们就可能已经失去了最珍贵的东西。平时习以为常的陪伴，只有失去的时候才知道是多么重要。伍子胥的心底里有一个声音在怒吼："父亲，哥哥，我一定要为你们报仇！一定！"

在之后的岁月中，伍子胥的脸上再没有了笑容，他的心中只有"复仇"两个字。他得知太子建逃到了宋国，所以他也紧随其后，逃到宋国。这时宋国内乱，他和太子建又一起逃到了郑国。谁知太子建暗通晋国，想要对郑国不利，结果消息败露，太子建被郑国人杀掉了。

为了不受到牵连，伍子胥只得带着太子建的儿子熊胜逃往吴国。逃亡的滋味并不好受，他们一边赶路，一边躲避追捕，必须打起十二分的精神，即便睡觉都要抱着剑。

而楚国为了能抓住伍子胥，更是悬赏重金。他们历经艰险，眼看吴国就在眼前，但是两人还得再经历一番磨难，那就是如何通过吴楚边界的昭关。要知道，此时昭关的守卫也正在琢磨着怎么才能抓住他们。

脑洞剧场

守卫甲："伍子胥怎么还不来？"

守卫乙："有情报说他快来了，应该就在这两天。"

守卫甲："他快点儿来吧，再不来我吃饭都成问题了。"

守卫乙："那你要是抓住了伍子胥，打算做什么？"

守卫甲："我得先买房。你呢？"

守卫乙："要是我抓住伍子胥，我就，我就……"

守卫甲："你先看看那个人像不像伍子胥？"

守卫乙："让我看看，哪个？"

守卫甲："就是跑得飞快，身后全是土的那个人，像伍子胥吗？”

守卫乙：“哪儿是像啊？！那就是伍子胥！快追！”

伍子胥带着公子胜，一看有人追赶，赶紧拔腿就跑。

“站住！给我站住！”想抓伍子胥的人穷追不舍，两人逃到江边，看到一个打鱼的老人正在摇船。

“老人家，能不能助我们过江？”老人认识伍子胥，知道他们正急着避难，就帮他们渡了江。

过江之后，伍子胥不胜感激，解下身上的佩剑说：“老人家，这把宝剑价值百金，我把它送给您吧。”

老人笑着说：“楚国早就发布悬赏，谁能抓到伍子胥，就赏给他粮食五万石，赐爵执圭，这些难道只值百金吗？”

悬赏的确很诱人，但老人既没想抓住伍子胥他们去邀功，也没有接受伍子胥的酬谢，安然地摇船而去。伍子胥轻轻地感叹了一句：“世间总是有这样的高人。”

虽然伍子胥借此甩掉了追兵，但是他们并不知道，后面的日子也并不轻松……

在去往吴国都城的漫漫长路上，他们的鞋子磨穿了，身上的衣服变得残破不堪，还要拖着疲惫的身体继续赶路。他们知道绝对不能停下来，可是，一路上风餐露宿，食不果腹，在心理和身体的双重煎熬下，伍子胥还是病倒了。他们只好停下来，以乞讨为生。

望着公子胜给自己讨来的吃食，伍子胥心里想着："我伍子胥不能死在这里！尊严算什么！在我抛下父亲和哥哥独自逃走的时候，对我来说这些都不重要了。我只知道，他们绝不能白死！绝不能！"想到这里，伍子胥伴着不甘的泪水，开始疯狂地咀嚼那些残羹冷炙。

执着的信念有时候可以让人激发出强大的能量，完成不可思议的事情。伍子胥他们最终抵达了吴国的都城，通过吴国的公子光引见，觐见了吴王僚，得以在吴国安顿下来。

过了一段时间，吴楚之间发生了战争，吴国占得上风。这时，伍子胥就跑去对吴王僚说："看此情形，我们可以打败楚国，应该继续打。"可是，公子光反对这个建议，他说："伍子胥的父亲和哥哥都是被楚王所杀，他劝

吴
伍

大王伐楚不过是为了报私仇。”吴王僚听取公子光的建议，就没有继续攻打楚国。

伍子胥知道公子光想杀王自立的野心，就隐忍了下来，并为公子光推荐了一位刺客。之后，他便带着公子胜隐居起来，等待时机。

后来，楚平王病逝。没能手刃杀父杀兄的仇人，伍子胥痛不欲生，可是他明白，他必须继续忍耐，因为他最终的目的是杀王灭楚，楚平王死了，他的儿子楚昭王还在呢。

公子光终于找准时机，派刺客刺杀了吴王僚，自己登上了王位。几年后，吴国发动了对楚国的大规模战争。在历经了多次大战之后，吴军终于将胜利的旗帜插在了楚国的都城郢都。时隔十多年，伍子胥又回来了。

望着周围散落的兵器、被烧黑的城墙、遍地的尸体，伍子胥几乎是迈着颤抖的步伐，走进了楚国的都城。

“父亲！哥哥！我回来了！”

当他去寻找楚昭王的时候，却发现楚昭王已经逃走了，于是他掘开了楚平王的坟墓，打了楚平王的尸体三百鞭。

伍子胥终于报仇了，但是他死去的父亲和哥哥却再也回不来了。此时此刻，他只是一个想告慰逝去亲人的可怜之人。连司马迁都忍不住赞叹他：“弃小义，雪大耻，名垂于后世，悲夫！……非烈丈夫孰能至此哉？”

当伍子胥江上受困、路边乞食的时候，他无时无刻不想着报仇雪恨，所以他成功了。如果他不是一个坚强刚烈的人，又怎能做到这个地步呢？

9 司马穰苴

杀鸡儆猴的鼻祖

杀鸡儆猴，这个成语从字面上来看，就是杀只鸡给猴子看的意思，比喻用惩罚一个人的办法来警告别的人。

那么这个成语是怎么来的呢？话说，在春秋末年，齐国田氏家族有一个叫田穰苴的人。他曾因建立军功被齐景公任命为司马，所以后世人以官职为姓，称他为司马穰苴。司马穰苴的祖先陈完是陈国的公子，在陈国内乱时逃难到齐国，并改姓为田，他的后代也在齐国定居下来，成为齐国的卿族。

司马穰苴原本是田氏家族一个不起眼的成员，如果没有晏婴的举荐，他可能会一直在家族中老老实实地打酱油。春秋末年，各诸侯国之间常常会发生摩擦，有的是因为领土之争，有的则是为了争夺中原霸主，还有一些莫名其妙的原因。

当时的齐国正是齐景公当政，他是一个有雄心壮志的君主，但此时的齐国国力衰微，难免要受别国欺负。有一回，晋国出兵来攻打齐国，齐国没办法，只能派兵迎敌。可是没多久燕国也过来侵犯齐国，齐国腹背受敌，军队节节败退。

国家的两面都燃起了战火，这深深地刺痛了齐景公的心。

脑洞剧场

齐景公抱怨道："晋国、燕国，你们两个合伙欺负我！"

就在这时，晏婴过来了，说："大王您这是怎么了？为何愁眉不展？"

齐景公："晏相，我的亲人，晋国、燕国过来打咱们，咱们齐国眼看就要完啦。"

晏婴："您的意思是让我准备逃跑还是准备投降？"

齐景公："来人哪！先把晏婴给我宰了。"

晏婴笑道："大王，刚才我是跟您开个玩笑。我推荐一个人，他能帮助咱们渡过难关。这人正是田氏的子弟田穰苴，文武双全……”

齐景公听了非常高兴，立马召见了司马穰苴，和他一起商讨军国大事。

聊了没多久，齐景公就觉得司马穰苴的确靠谱，二话不说就打算任命司马穰苴为将军，让他率兵去抵抗燕国和晋国的军队。对司马穰苴来说，这就意味着自己的生活从此和打酱油告别了，摇身一变成了威风凛凛的将军。

按理说，这样的好事不管落到谁头上，肯定都会立时接受任命，并俯身做感激涕零状，任谁都拉不起来。谁知司马穰苴却没有马上接受，而是跟齐景公说了一段话，这段话就记录在《史记》里面：“臣素卑贱，君擢之闾伍之中，加之大夫之上，士卒未附，百姓不信，人微权轻，愿得君之宠臣，国之所尊，以监军，乃可。”

司马穰苴的意思是：“我的地位一向是卑微的，主公一下子把我从平民中提拔起来，地位居于大夫之上，士兵们不会服从，百姓们也不会信任。人如果没有资望，就无法树立起权威。我希望您能派一位宠信的重臣来做监军，这样才行。”

齐景公说："这太简单了。"当场答应了司马穰苴的要求，派自己宠信的大臣庄贾做监军。

安排完这些事情之后，齐国君臣总算长舒了一口气，这下齐国有救了。司马穰苴也长舒了一口气，心说这下"鸡"就到位了。

在司马穰苴和齐景公商量好了迎敌计划之后，司马穰苴就去找庄贾约定时间，两人说好了第二天正午时分在军营门口集合。到了第二天，司马穰苴率先来到了营门前，命令士兵把计时用的漏壶、木表摆出来。漏壶是一种古代计时装置，在壶里面放上水，靠壶中滴水的位置来记录时间。木表就是木标，也是一种古代计时装置，是利用太阳的影子来计算时间的。

士兵们觉得莫名其妙，心想这新来的领导挺有意思，别人是新官上任三把火，他可好，新官上任两块表。

他们不知道，司马穰苴这是在等庄贾呢。大家就在营门前站着，左等右等，却始终没见庄贾的人影。这可把士兵们坑坏了，都热得直喘粗气。要知道，在将领阅兵这一天，所有士兵都必须全副武装，不仅要穿上铠甲，还要带上武器。士兵们穿着一身重重的铠甲，在太阳底下晒，从内到外都湿透了，跟蒸桑拿似的。

军营的人都在等着庄贾，但是庄贾一点儿也不着急，他平时就是一个骄傲自满的人，这次他率领的是自己的军队，自己又做监军，所以就更不着急了，一下子“懒癌”“拖延症”集体发作。亲朋好友为他饯行，请他喝酒，他都是来者不拒。

眼看时间到了正午，庄贾还是没有来，旁边不知内情的士兵们心中充满了疑问，司马穰苴看起来气急败坏，便不等庄贾了，带着士兵们进了军营，巡视营地，整饬部队，并且宣布了各种规章号令。等他把工作部署得差不多了，已经是日暮时分。眼见太阳都快下山了，庄贾这才赶到。

司马穰苴很生气，就问他：“为什么迟到？”庄贾解释说：“朋友亲戚们给我送行，所以耽搁了。”一听这话，司马穰苴怒气冲天，说：“身为将领，从接受命令的那一刻起，就应当忘掉自己的家庭；来到军队，上级宣布号令之后，就应该忘掉私人的交情；擂鼓进军，战况紧急的时刻，就应当忘掉自己的生命。如今敌人已经侵入国境，国内动荡不安，战士们身在前线，国君连觉都睡不安稳，全国百姓的性命都维系在你的身上，还谈什么送行！军法官出列！”

军法官喊了一声："到！"

"迟到的人，军法如何处置？"

"应当斩首！"

这下把庄贾可吓着了，心想："我才是监军啊，你这是要把我提前歼灭？"

这个事情被记录在《史记》里面："庄贾惧，使人驰报景公，请救。既往，未及反，于是遂斩庄贾以徇三军。”

这说的是庄贾被抓之后，赶忙暗中派人去给齐景公报信，想保住性命。可报信的人还没回来，司马穰苴就下令把庄贾斩首，并在三军面前示众。士兵们震惊了，都心想这就是拖延症的下场啊。

过了一会儿，齐景公派的使者拿着符节，驾着车闯进军营，来救庄贾。司马穰苴说：“将领在外面，可以不接受国君的命令。军法官出列！”

军法官又喊了一声：“到！”

“驾着车马在军营里奔驰，军法如何处置？”

“应当斩首！”

这可把使者吓坏了。

司马穰苴说：“国君的使者不能斩首。”于是命人斩了使者的随从，砍断了车左侧的立木，杀死了左侧拉车的马，并在三军面前示众。

事情料理清楚后，司马穰苴让使者回去向齐景公复命，自己则率领三军正式出发了。

士兵们见识到如此严明的军纪，再也没有人敢扰乱秩序了。杀了庄贾这只“鸡”，让所有的士兵都服从命令，这就是杀鸡儆猴的管理手段。不过聪明人应该知道，这种手段必须有后着，还得有真能耐作为支撑，才可以长久。司马穰苴是个聪明人，说到调动军队士气，他绝对是一把好手。

行军打仗的时候，军队里的方方面面，司马穰苴都要亲自过问。他对每一个士兵，都像父亲对儿子一样关心。他还把自己作为将军专用的物资粮食，全部拿出来给士兵享用，自己则和士兵吃一样的伙食。没过几天，士兵们都被司马穰苴感动了，就连病弱的士兵也都要求奔赴战场，奋勇争先。明眼人一看就知道，和这样的军队打仗，就是自找苦吃。于是，晋国和燕国的军队先后撤退，司马穰苴带着军队收复了齐国全部沦陷的领土。

10 西门豹

秒杀迷信有绝招

关于西门这个姓氏的起源，历史上有很多种说法。有一种说法是因为家居住在西城门附近，所以干脆全家都姓西门了。翻翻史书，你会发现，有时候古代人决定姓氏的方式也挺随意的。

住在南宫附近的人家："好，以后咱们全家就姓南宫了，姓氏就是个代号。"

住在钟离这个地方的人家："好，以后咱们全家都姓钟离了，姓氏就是个代号。"

总之，很多姓氏都是这样出现的。有的时候是因为封地，有的时候是因为官职，有的时候是因为居住地……

西门这个姓氏也是这么来的。

战国时期，有个人叫西门豹，他的思维很贴近现代人，反对迷信。他被魏文侯任命为邺县的长官，初来乍到，他就发现邺县里的人不多，女孩子更少，老百姓们也不是很富裕。他觉得这种状况肯定事出有因，但具体什么原因，自己又搞不清楚，怎么办呢？

古时候，人们的生活不像咱们现在这么便利，想了解什么消息去网上查查就行了。可是西门豹不行啊，摆在他面前的只有两条路，要么微服私访，要么官服公访。

西门豹何等认真负责，为了提高效率，他毅然选择了官服公访。都说新官上任三把火，少放一把都不可。西门豹首先把县里有威望的老者召集起来，一起开个会。望着一屋子白头发老爷子，西门豹激动了。只有他自己明白，对他来说，这些老人就是一个个“行走的搜索引擎”嘛。要知道，在古代想打听事，问年长的人准没错。

人都到齐了，西门豹把事先准备好的台词念了一遍。

脑洞剧场

西门豹："今日劳烦诸位前来，与在下一同商议我们邺县的未来，实在不胜感激。"

众老者："有事快说，我们可是抽出打酱油的时间来陪你的。"

西门豹："大家不要心急嘛。我身为一县的长官，也是想借着这个机会，和大家多亲近亲近。大家有什么要求，现在可以尽管提。"

众老者："还能有什么要求啊？我们最迫切的要求就是散会。"

西门豹："好吧，既然大家发言这么踊跃……"

众老者："根本没人发言好吗！从刚才到现在一直是你一个人在说，你再这么任性，我们就去别处打酱油了。"

西门豹："好吧好吧，我就是想问问，让邺县父老乡亲感觉最苦恼的事情是什么？"

这句话一出，完了，直接问哭了一片。

老者们有的摇头叹息，有的垂头抽泣，西门豹的目的达到了，这下他总算知道了什么是让邺县父老们最苦恼的事。

《史记》里记载："豹往到邺，会长老，问之民所疾苦。长老曰：'苦为河伯娶妇，以故贫。'"

这说的就是西门豹来到邺县之后，跟当地的老者们开会这件事。西门豹问大家有什么困苦之事，老者们回答说最苦的事情莫过于替河神娶妻，因为这个，老百姓们都穷得揭不开锅了。西门豹又问替河神娶妻是怎么回事，老者们说这其实是邺县的三老和廷掾每年组织的活动。

在这里要解释一下三老和廷掾。三老不是三个老人的意思，指的是掌管教化的乡官，廷掾则是县里的吏员。总之，这些地头蛇串通起来，每年都打着为河神娶妻的名义，让老百姓交钱，而他们则借此敛财。

每年光是给河神娶妻这一项，他们就能敛到几百万钱。他们把其中的二三十万用在为河神娶妻上，剩下的就跟那些巫婆祭师私分了。所以巫婆祭师们的工作热情也很高，每年快到为河神娶妻的时候，他们就到处溜达，只要见到穷苦人家的漂亮姑娘，就上前说："这个丫头该给河神做媳妇了。"说完就留下聘礼把人强行带走。

他们让抢来的姑娘沐浴斋戒，给她换上丝绸的衣裳，为她在河边建一所"河景房"。房子里面摆上各种酒肉饭食，挂上各种颜色的帷帐，这就算精装修了。

等这个姑娘在“精装修河景房”里住上十多天后，巫婆祭师们就会选个良辰吉日，给她梳妆打扮，准备好女子出嫁的床帐、枕头、被子，让姑娘坐在床帐里面。一切准备就绪，他们就把这床帐往河里面一放，连姑娘带床帐就开始在河上漂流了。

但是姑娘坐的是床帐不是船，据说床帐漂流几十里就沉了，这就算姑娘被河神娶走了。

就这么一年年过去，人们发现河神每年都要娶妻，每年都要沉一个漂亮姑娘。要是家里恰巧有漂亮姑娘的怎么办？跑吧。

一来二去，邺县的居民变得越来越少，留下的人也越来越穷。按理说，这种害人的事，以后不办了，不就完了吗？不行，当地人都说如果不替河神娶妻，河神就会发大水淹死所有的人。

西门豹听完了事情的原委，点点头说：“这样吧，等到了替河神娶妻的那天，一定要把三老、廷掾、巫婆、祭师和父老乡亲们都叫去，我也去为河神的新媳妇送行。”

大家都说：“好。”

到了给河神娶妻的这一天，西门豹总算在河边看到了巫婆的真面目，原来是一个七十多岁的老太太，打扮得很讲究，身边还跟着十几个女弟子，她们都穿着丝质的衣服，站在巫婆身后。除此之外，三老、廷掾、其他官吏、当地豪绅，以及各村的父老乡亲也都到了，再加上凑热闹的民众，足足聚集了两三千人。

主角都到齐了，按照以往的流程，就该按部就班地为河神娶妻了，巫婆念念咒语，唱上一段词，再带着大家跪拜河神，就可以收工回家了。

可是，西门豹怎么能让他们那么容易就得偿所愿呢？他的绝招早就酝酿了好些时候了。这么好的机会，不好好表现一下，别人还以为他西门豹是只病猫。

只听西门豹发话了："先把河神的新媳妇带上来，让我看看长得漂亮不漂亮。"一群人把给河神准备的姑娘从床帐里面扶出来，带到西门豹身前。

脑洞剧场

西门豹上下打量一遍那个姑娘，回头跟巫婆、三老他们说："我说，你们干工作能不能认真点儿，长成这样的姑娘也敢给河神送过去？"

"是是是。"

"这长相也太寒碜了吧。"

"是是是。"

"万一河神怪罪下来，前面的姑娘不就都白送了吗？"

"是是是。"

"所以这个姑娘就不送了。改日我再选个好看的姑娘给河神吧。来人哪，把这个姑娘送回家去！"

"大人使不得啊！都这个时辰了，来不及换人了，今年就先这样吧，明年再挑好看的。其实……河神要求也不是很高的。"

"你怎么知道河神要求不高？要我说，河神的标准非常高，从前都是他包容我们，所以不能把这个姑娘送给河神，那是对河神不敬。"

"大人，那……今天就不送了？"

"对啊！"

"这哪能说不送就不送呢？"

"那倒是，咱们得给河神一个说法。"

"对呀，大人，您想通啦？"

"想通了。来人，给我把巫婆送到河神那边去，跟河神好好解释一下。"

西门豹话音刚落，几个士兵冲上前去，把巫婆抬起来就扔到河里去了。

周围的官吏和民众都看愣了。今天唱的是哪一出啊？从前的剧本都是巫婆祈祷作法，然后把姑娘送到河里，怎么这次巫婆自己先下河了呢？

其实，当时的老百姓们大部分都是迷信的，正是因为他们相信河神是确实存在的，所以每年为河神娶妻的时候，大家虽然日子过得越来越苦，但都还算配合，毕竟是为神仙办事嘛。

巫婆平日里的地位可不低，她说今年哪家的姑娘该嫁给河神了，那姑娘就会被带走；她说哪天适合河神娶妻，大家就得跟着她一起给河神办喜事。所以，巫婆就相当于河神的代言人，谁也不敢得罪她。

今天可真奇怪，说好的要送个媳妇给河神，结果把巫婆送去了，也不知道河神他老人家好不好说话。

大家打定主意，等着看巫婆一会儿回来说些什么。左等右等，巫婆始终没回来。巫婆不是还带了十几个女弟子吗？这些女弟子只能尴尬地帮巫婆圆场：“估计呀，河神和师父好些日子没见了，要花时间叙叙旧。”

那就接着等吧。大家又等了半天，巫婆还是没回来。

弟子们还得解释："估计呀，河神这是要留我师父吃饭了。"

这河神可真客气，那就再等会儿吧。西门豹一直盯着说话的女弟子。女弟子都编不出词儿了："咳咳，估计呀……"

西门豹说："你也别估计了，你师父花的时间太长了，你下去催催她吧！"

"啊?！大人，您太幽默了。"

"来人，送这位仙姑去见河神！"

说时迟那时快，士兵们抬起这名女弟子就扔下了河。大家又等了一会儿，发现这名女弟子也没回来。

我们都知道，巫婆和女弟子其实已经淹死了，西门豹也肯定知道，但是他还要继续装傻："哎呀，看来河神真是大方，把这位仙姑也留下吃饭了。这样吧，再请一位仙姑催一催。"于是，扑通一声，又扔下河一个女弟子。等了一会儿还没人上来，就又再扔下去一个。

前前后后扔了三个女弟子下去，一个也没回来，剩下的女弟子们都吓坏了，心想今天就不应该来参加活动。

此时，已经没人敢跟西门豹对眼神了，因为对过眼神的人都在河里呢，谁还敢看他啊？所以人人都低着头。

西门豹扫视了一圈这些"活动策划人"，说道："巫婆和仙姑们都是女流之辈，看来这河神重男轻女，要办事还得派男人去，不如三老您去看看吧。”

三老吓得脸都绿了：“大人！再等等仙姑们吧，没准儿人家正陪河神打麻将呢，玩完就回来了。”

“等不及了，您还是去看看吧。来人，送三老下河！”

三老慌了：“别……我不去！打死我也不去……”

只听扑通一声，三老也被扔下了河。不出所料，他也再没上来。

西门豹整了整自己的帽子，弯着腰面向河水，恭恭敬敬地站了好久，才回头跟县吏和豪绅们商量：“要不你们再各派一人吧。”这帮人早就明白了，哪有什么河神啊！这是大人在提醒我们，利用迷信骗老百姓的钱，下场就是喂鱼。他们一个个吓得汗如雨下，磕头如捣蒜，连头皮都磕破了，血流了一地。

这下子，西门豹的目的达到了，从此以后，邺县再也没有人敢提为河神娶妻的事了。

后来，西门豹又带领百姓开凿了十二道沟渠，引河水灌溉农田。河水不再泛滥，百姓们的生活很快就富裕起来了。

11 吴起

悲剧源于性格

战国初年，卫国有一个叫吴起的人，他与写《孙子兵法》的孙武齐名，后世提到古代军事家，都会提到他们。

吴起从小就有远大的志向，为了提高自己的学识，他师从曾子的儿子曾申学儒。后来，吴起弃儒学兵，背井离乡去鲁国找工作。

在鲁国，他一边研究兵法，一边工作，很像今天我们的勤工俭学。他的心里有一个念头，那就是一定要开创一番自己的事业。每一天，吴起都盼着那个能让自己一展抱负的时机到来。

吴起就这样等待了很久，终于有一天，齐国军队来攻打鲁国了，对精通兵法的吴起来说，显然，他的机会来了。

鲁国国君立刻宣吴起进宫商量打仗的事。吴起已经等了太久，他必须抓住这次机会。于是，吴起做了一件让所有人都倍感意外的事情——他杀掉了自己的妻子，以此证明自己跟齐国是没有关系的。

根据史书记载，吴起最后当上了鲁军主帅，并且打赢了那场战斗。我们不清楚鲁国国君是不是因为吴起杀妻的举动才让他当主帅的，我们更愿意相信是吴起的能力打动了他。可惜，吴起把事业前途看得太重了，已经到了鬼迷心窍的地步。由于太过急切，他甚至都没有尝试用其他的方式得到鲁国国君的信任，直接选择了一种最极端的做法。

吴起确实用最简单粗暴的手段达到了目的，但同时也开启了自己人生悲剧之路的大门……

很快，关于吴起的谣言在鲁国传开了。《史记》里是这样记载的：“鲁人或恶吴起曰：‘起之为人，猜忍人也。'"

谣言说吴起年轻的时候，家里本来很富裕，但他为了能谋得一官半职，四处奔走，把家里的钱全败光了，结果还是个平头百姓。乡亲们笑话他，他一怒之下竟然为此杀了三十多个人，离家之前，他咬破自己的手臂向母亲发誓，如果当不上卿相，就再也不回家乡了。

后来吴起的母亲去世，他果然没有回去奔丧。而这次吴起为了夺得主帅的位置，居然又杀了自己的妻子，这个人实在是太残忍了。

司马迁在《史记》说这些都是记恨吴起的鲁国人故意散布的坏话。说别人的坏话，多半会添油加醋，所以这些事有几分真几分假，我们就不知道了，不过就算只有"杀妻求将"这一件事情是真实的，带来的恶名也足以让吴起背负一辈子。

不难想见，鲁国国君听到这些传言之后，就开始疏远吴起，吴起别无选择，只能离开鲁国。

吴起离开鲁国之后，性格并没有发生任何改变，在他的心中依然燃烧着一团火焰，这火焰无时无刻不在提醒着他，一定要成就一番事业。就这样，他去了魏国，拜见了素有贤名的魏文侯，说明来意，准备应聘工作。魏文侯就问自己身边比较信赖的大臣李悝：“你觉得，吴起这个人怎么样？”

李悝回答说：“吴起这个人哪，想出名，又爱美女。但是说到用兵打仗，恐怕司马穰苴也不是他的对手。”

于是，吴起就成了魏文侯手下的一员大将。自从让吴起领兵之后，魏军打仗就变得顺风顺水。吴起确实有能耐，打一仗，赢了，再打一仗，又赢了，他的字典里好像就没有“输”这个字。魏文侯很高兴，觉得自己很有眼光。

要说吴起当将军，确实非常拼命。根据史书记载，吴起当将军的时候总是和最下等的士兵吃一样的饭，穿一样的衣服。他睡觉的时候不铺褥子，直接睡在地上；行军的时候也不骑马乘车，而是自己背着粮食步行，与士兵同甘共苦。哪个士兵要是身上长了疮，他不仅亲自慰问，还会帮士兵把疮里面的脓吸出来。这下可把士兵们感动坏了。所以，吴起手下的士兵，打仗没有不拼命的，与其说是部队，不如说是敢死队。

魏文侯发现吴起不但善于用兵，而且不贪钱财，待人公平，所有的士兵都爱戴他，就任命吴起为河西地区的长官，以防备秦国和韩国的入侵。吴起的工作干得非常好，在百姓的心中声望很高。自打吴起来到河西地区，就再没有人敢惦记这块土地，魏文侯也放心地当撒手掌柜。

魏文侯去世后，他的儿子魏武侯继位。魏武侯是个很有野心的人，有一天，他带着吴起等人公费旅游，大家坐在船上，一路沿着黄河顺流而下。看着大好山河，魏武侯笑道："吴卿，你看这山川如此壮美险要，真是我魏国的瑰宝啊！"

这时，吴起突然严肃起来，说道："魏国的防御坚固与否，不在山川河流，而在于实行德政。昔日三苗氏立国，西有洞庭湖，东有鄱阳湖，地势够险要了，可是他们不讲德义，被大禹所灭；夏桀的都城，东有黄河、济水，西有华山，南有伊阙山，北有太行山的羊肠坂，但是他为政不仁，被商汤所灭；商纣王的都城也很坚固，但他不施行德政，被周武王所灭。所以想要国家安稳，就必须善待百姓，以德治国。如果您不施行德政，那么这船上的人都将变成你的敌人！"

魏武侯倒是理解了吴起话里面的深意，表示认可他

的说法。

不过，从吴起嘴里说出德政这两个字，大家总觉得跟他之前的行为不太符合：弃母杀妻之人，怎么还满嘴仁义道德了呢？别是看错剧本了吧。

吴起是一个文武兼备的人才，打起仗来简直没有对手。后来的阴晋之战，秦国五十万大军来袭，居然让吴起带着不到五万人轻松打败。人们说起吴起，简直是军神一般的存在。

就在吴起的事业如日中天的时候，魏国设立了国相的职位，毫无疑问，这就是吴起的终极目标。

他一定要当上国相！论功劳，论威望，他都是最适合的人选。可是，最后魏国的第一位国相不是他，而是田文（和齐国的孟尝君同名）。为此，吴起跑去和田文理论，当面质问他："要论政绩武功，你都不如我，为什么你当上了国相？"田文笑了笑说："我确实政绩武功都不如你，但是如今的魏国，国君年轻，大臣们还不亲近他，百姓们也不信任他。你觉得国君认为谁更合适当国相呢？"吴起沉默了，在这种局面下，确实田文更合适。

好在吴起比田文多一个优势，那就是活得久。田文死后，吴起以为自己终于要得偿所愿，结果魏武侯拜公叔痤为相。公叔痤这个人可不简单，他不希望身边总有一个窥伺自己位置的人，一心要撵走吴起。

脑洞剧场

一天，公叔痤来到了魏武侯的身边聊天。

公叔痤："主公，吴起是一个有能耐的人。"

魏武侯："地球人都知道。"

公叔痤："只是有个问题……"

魏武侯："什么问题？"

公叔痤："魏国是小国，又有强秦在侧，恐怕吴起不愿在魏国久留。"

魏武侯："哦？你是说吴起想跳槽？这可如何是好？"

公叔痤："您先别急，我有一个主意。"

魏武侯："什么主意？"

公叔痤："您可以用赐婚公主的办法试探他。他要是想留在魏国，就会娶了公主；他要是不想留下来，就会拒绝这门亲事。"

魏武侯点点头："好主意！"

公叔痤这边和魏武侯商量好了，另一边又把吴起请到家里做客。虽然是竞争对手，但吴起总要给人家点儿面子，同事请吃饭还是要去的。

但吴起不知道，这顿饭可不是那么容易吃的，里面暗藏着公叔痤的计谋。要知道，公叔痤的妻子就是一位公主。在吴起来之前，公叔痤就嘱咐妻子吃饭的时候一定要态度凶恶，能多凶就多凶。

结果，公叔痤的妻子直接在饭桌上演了一场战国版河东狮吼。眼看着公叔痤被老婆打骂，这可把吴起给吓坏了，心想原来公主们都这么骄横。

等到后来，魏武侯跟吴起说想把公主嫁给他，把吴起吓得够呛，使劲儿摇头。魏武侯很纳闷：“看来，吴起是真的不愿意留在魏国。”

从此之后，魏武侯就不再信任吴起了，吴起害怕长此以往自家性命难保，就跑到了楚国。

到楚国后，他终于得偿所愿——楚悼王拜他为楚国令尹。

吴起在楚国也进行了一系列改革。在吴起变法之后，楚国的国力再次强盛起来。但是，吴起变法损害了楚国贵族的利益，最终为自己招致了杀身之祸。

楚悼王死后，楚国贵族积蓄了多时的怨恨终于爆发了，他们发动变乱要杀掉吴起。吴起逃到楚悼王的尸体旁边，想借此躲避袭击，但是贵族们杀红了眼，直接射杀了吴起。混乱中，楚悼王的尸体也被射了好几箭。后来，楚肃王即位，下令杀掉所有射中楚悼王尸体的人，受此牵连而被灭的家族达到七十多个。

吴起一生无论在鲁国、魏国还是楚国，都发挥了非凡的能力，军事家、政治家、改革家……后世人把无数的光环和头衔都加在他的身上，从这一点看，吴起达成了他想功成名就的愿望。

但他似乎又失去了很多，最后还惨死异国，那些赞誉也都是身后之事了。

12 孙膑

围魏救赵的军事奇才

《孙子兵法》的作者孙武死后一百多年，他的后代中又出了一个军事奇才——孙膑。不知道是否有遗传的因素，孙膑的确对军事有着浓厚的兴趣。

孙膑年轻的时候曾与庞涓一起学习兵法，后来庞涓先学成出仕，成了魏惠王的上将军。庞涓心里明白，自己的能力不如孙膑，于是就派人把孙膑悄悄接到魏国来，放在自己身边看着，这样心里才踏实。

但是时间长了，孙膑的才华根本难以掩盖。庞涓怕孙膑的地位超过自己，就找了个机会，给孙膑罗织了许多罪名，诬蔑他触犯法律，就这样，孙膑被施以膑刑和黥刑。他的双腿膝盖以下被砍掉了，脸上还被刺了字。庞涓想，这样孙膑就没办法跟我斗了。

按照一般人的承受能力，人生就此消沉下去一点儿也不稀奇。但是孙膑坚强地挺了过来，为了麻痹庞涓，他还一直装疯卖傻。终于有一天，孙膑等来了一个机会。

这时，齐国的使者来到了魏国的都城大梁，孙膑偷偷托人求见齐国使者。双方一番交谈之后，齐国使者觉得孙膑是个奇才，就想办法把孙膑藏在马车里，暗地里带回了齐国。

可惜的是，关于这名齐国使者，历史上没有留下更多的记载。这正是“事了拂衣去，深藏身与名”，做了好事，却没有留下姓名。

总之，孙膑就这样来到了齐国，并且立刻得到了齐国贵族田忌的赏识，成了田忌的门客。孙膑的命运就此改变了。

田忌平时喜欢和齐王或其他贵族赛马。按照常理，大家的马实力相当，胜负只能看马的临场发挥，各有输赢。但是孙膑想到了一个办法帮助田忌取胜，他把田忌的马分为三等，用下等马对别人的上等马，中等马对别人的下等马，上等马对别人的中等马。凭借这个策略，田忌一下子赢了齐王很多钱。这就是田忌赛马的故事。

田忌很高兴，顺水推舟，就把孙膑介绍给了齐威王："我这次能赢绝非偶然，都是因为他！"说着，就用手指向了孙膑。田忌把孙膑的经历跟齐威王讲了一遍，齐威王向孙膑请教兵法，很是佩服，就拜孙膑为军师。

没过多久，孙膑展示自己的机会就来了。魏国出兵攻打赵国，赵国撑不住了，派人到齐国求援。

这时齐威王想到了孙膑，就想让孙膑当主将救援赵国。孙膑说："我是受过刑的人，不适合当主将。"

于是齐威王就派田忌为主将，让孙膑当军师。职责交代清楚之后，田忌想着赵国既然被打得招架不住了，那就得赶紧救，打算领兵直奔赵国。这时，孙膑对田忌说了一番话。

《史记》里记载孙膑是这么说的："夫解杂乱纷纠者不控捲，救斗者不搏撠，批亢捣虚，形格势禁，则自为解耳。"

孙膑的意思是，一团乱丝只能慢慢地解，不能乱扯

下
3
中
2
1
上
押
这匹!!!

乱揪；帮人拉架，只能在一旁劝解，不能挥拳抡臂地跟着掺和。如果避实就虚，那么形势就会立刻发生变化，问题也就迎刃而解了。

孙膑说："现在魏国去攻打赵国，意味着魏国精锐的部队都出发了，国内留下的都是些老弱病残。您不如领兵去奔袭魏国的都城大梁，攻击他们薄弱的地方，魏国必然要撤军来救都城。这样一来，不就帮赵国解围了吗？"

田忌采纳了孙膑的计策，率军奇袭魏国都城。魏军那边，庞涓正带兵攻打赵国呢，听说齐军去打大梁城了，脑袋嗡的一下："坏了，家里没留人，财物都在家。"于是，他赶紧带兵往回跑。

赵国人看见也纳闷："想要成功的人，需要多一点儿耐心。幸好魏国没再坚持几天，要不我们就完蛋了。"

魏军往回跑到桂陵这个地方，遇到了田忌的伏兵。魏国的士兵也是可怜，先在赵国打了好久，然后就是马拉松急行军，等回到魏国了还要被人打埋伏。

不难想见，魏军被齐军打得落花流水。庞涓恨得牙痒痒，他这才知道孙膑去了齐国。桂陵之战是孙膑参与并赢得胜利的第一战。

要知道，自魏文侯励精图治之后，魏国何时受过这种窝囊气。魏国的士兵是公认的强悍，想当年，秦国来了五十万大军他们都不怕，如今却让人在自己国内打得满地找牙，这委屈只能往肚子里咽。魏国就这样一下子老实了十几年。

可能因为上一次遭受的打击太大，庞涓有点儿承受不住。他在脑子里把这次惨败消化了一遍又一遍，发现自己还是接受不了这个现实，而且想多了嗓子时不时还要甜那么一下——吐血了。

所以最后，庞涓的大脑可能自动判定这段记忆需要消除。果不其然，十几年后，庞涓又开始自我感觉良好了。他总结了经验教训：赵国不能打。于是，他干脆联合赵国去攻打韩国，这个韩国可不是我们今天熟知的那个韩国，战国时期的韩国，势力范围大概在今天的山西、河南一带。

魏、赵两国联合打韩国，韩国赶紧派人跑到齐国去求援。于是，齐王又任命田忌为主将，孙膑为军师，派这对黄金搭档去救韩国。

脑洞剧场

这回田忌变聪明了，孙膑只使了一个眼色，田忌就说：“我知道，咱们现在去打魏国，这条路我都熟了。”田忌带着部队，直奔大梁城。

庞涓那边正在率军攻打韩国，这时候，有个士兵跑来给庞涓报信。

士兵：“报告将军！有情况！”

庞涓：“何事啊？”

士兵：“有两个消息，您想先听好消息，还是先听坏消息？”

庞涓：“先听好消息吧。”

士兵：“好消息是前面的城池马上就要被我们打下来了。”

庞涓：“那坏消息呢？”

士兵：“坏消息是我们要是再不回去，咱们的都城也要被人打下来了。”

庞涓：“撤！”

在撤军时，庞涓心里犯嘀咕：“眼下的情况，我怎么有一种似曾相识的感觉？好像我原来就这么干过……我是不是失忆了？”

这边庞涓忙着赶路，另一边孙膑又开始为田忌出谋划策：“魏国人向来剽悍勇猛，觉得齐国人胆小怕事，我们不如将计就计，如此这般，这般如此……”

当庞涓带着大部队赶回的时候，就看到了奇怪的景象。他们刚进入魏国边境时，看到齐军废弃的营地上大概有十万个炉灶。

根据营地的炉灶数量判断敌方军队的人数，这在当时是很常见的做法。庞涓点点头，心中已经知道齐军的规模了，就命令魏军接着追。

第二天，魏军发现齐军废弃的营地上只有五万个炉灶了，第三天更是只有三万个了。

庞涓追了三天，越追越高兴：“我就知道齐国人都是胆小鬼，这才三天，就跑了这么多人，孙膑、田忌，你们的死期到了！”

于是，他甩掉了所有的步兵，只带着一支骑兵昼夜兼程地追赶齐军。

孙膑早就估算好了魏军的行程，等到天黑的时候，魏军这支骑兵差不多就到马陵了。

马陵这个地方，道路狭窄，两边地势险要。孙膑安排了一万多名善于射箭的士兵，埋伏在道路两侧。

到了晚上，庞涓的军队赶到了马陵这一带。庞涓也是饱读兵法之人，他远远地观察了地势，心中也有些犹豫。但一想到自己观察到的齐军这些天的种种表现，庞涓又把仅有的顾虑抛诸脑后，率军进入马陵。马陵道路狭窄，骑兵难以摆开阵势，只能一点点往前挪。

突然，斥候报告庞涓，说前面有一棵大树，好像刻着字，只是天黑看不清楚。庞涓一听，顿时起了疑心，带着士兵来到树下，大家首先看到的是最上面的两个字“庞涓”，后面的看不清了。

“拿火把来！”庞涓命令道。这回他终于看清了，大树上写的是“庞涓死于此树之下”，就在这时，埋伏在两旁的齐军弯弓搭箭，万箭齐发。

原来，孙膑先叫人在树上刻字，然后命令两旁的弓箭手，只要看到火把就马上射箭。

庞涓此时才发现自己中了埋伏，立刻就明白了孙膑的计策，可惜为时已晚。庞涓没有办法，只能拔剑自杀。

马陵之战成就了孙膑的威名，后来，孙膑的兵法也同《孙子兵法》一样，流传后世。

13 赵武灵王

雄主也会有昏着

在老百姓当中流传着一句俗话：世上没有卖后悔药的。可以说，这个世界上最难治的病之一，就是后悔。历史上可能有一个人特别希望时光可以倒流，因为英明一世的他，做了一个相当愚蠢的决定，最后追悔莫及。

在群星璀璨的战国时期，他是一位星光熠熠的雄主，少年即位，屡挫强敌，聪明绝顶，功高盖世。不止如此，他竟然还做到了人生前期强悍至极，后期重蹈齐桓公的覆辙，被活活饿死。这位不走寻常路的君主，就是大名鼎鼎的赵武灵王。

赵武灵王名叫赵雍，他在即位之初，就显示了非比寻常的才能。当时的他刚刚十五岁，让他意想不到的是，在给父亲赵肃侯举办葬礼时，四周的诸侯国居然表现得那么“热情”，热情到让年少的赵武灵王有点儿吃不消：难道我爸爸当初和他们关系很铁吗？

其实各国君主们的目的很单纯：既然赵国的国君已经死了，新任的国君岁数又那么小，我们作为长辈，该照顾的还是要照顾，比如我们几国可以把赵国的领土分了，先帮着打理几百年……

于是，魏惠王联合了楚、秦、燕、齐四国组成了五国联军，以会葬的名义，各派精兵，想把赵国灭掉。当时赵国的形势十分危急，可赵武灵王毫无惧色，他立即命令赵国全境戒严，摆出同归于尽的架势。接着，他还联合了韩国和宋国，并贿赂了越国和楼烦国，让他们分别出兵骚扰楚国和燕国，三下五除二，就瓦解了五国联军。等剩下的三国军队到了赵国边境一瞧：嗬！人家兵强马壮，都摆好架势了，大家还是回去吧。

这时候，赵武灵王又通知五国，说他们来会葬的五国军队虽然不能入境，但是可以派使者来送礼！来都来了，送个礼再走吧！就这样，五国合作吞并赵国的项目，流产了。

不得不承认，赵武灵王确实是一位特别有头脑的君主，在中原各国大战的时候，赵武灵王也开始了他“师胡长技以制胡”的计划，这个计划的主要目的就是给军队换装备。

原本赵国士兵的军服都是宽袍大袖，打起仗来很不方便，比如拉开弓射箭，敌人没射着，袖子倒是先抽自己脸上了。给士兵换上适合骑射的胡服，这样更轻便简洁，利于作战。

军事改革势在必行。赵武灵王不仅推行了胡服骑射，还改革了作战方法，一时间让赵国的军事实力飞速增长。当时在赵国境内，有一个让赵国特别闹心的中山国。为什么说它闹心呢？

首先是中山国的位置，它就跟国中之国一样，把赵国硬生生地分成了两半；其次是中山国时不时地骚扰赵国的边境。可偏偏赵国就是拿中山国没有办法，因为齐国和燕国总是暗中支持中山国，目的是让中山国拖一拖赵国的后腿。他们的计划很成功，赵国几代君主无论怎么努力，都没有把中山国搞定。

直到赵武灵王时期，中山国最终被赵国灭掉，成了赵国的代郡。

赵武灵王并没有就此满足，接着他向北攻破了林胡、楼烦、匈奴，占领了今天内蒙古中部的黄河南北地区，跟所有骑马的民族为敌，让对手无马可骑。

就这样，赵国一时成了仅次于秦国和齐国的军事强国。

人无完人，即使是像赵武灵王这样的一代雄主，也有犯难的时候。而他的难题，就是让谁来当继承人。

据史料记载，赵武灵王一生最爱的有两个女人。一个是贤惠的韩夫人，她是韩国宗女，为赵武灵王生下了长子赵章。后来韩夫人病逝了，赵武灵王伤心不已。

一天，赵武灵王外出游玩，在玩累了休息的时候做了一个梦，他梦见了一个边唱歌边弹琴的少女，长得非常漂亮。醒来之后，赵武灵王就开始思念梦中的少女。他在宴请群臣的时候，把这个梦说给大臣们听，还具体描述了少女的长相，这时一个叫吴广的大臣坐不住了，赶紧跟赵武灵王说："大王，您说的这个少女，怎么听起来像是在说我闺女啊！"

后来，吴广的女儿就成了赵武灵王的第二任王后，人称吴娃，她非常受宠，为赵武灵王生下了次子赵何。这下，赵武灵王犯难了，到底是立赵章为继承人呢，还是立赵何为继承人呢？

就是这么一道选择题，让赵武灵王纠结了好久。

据史料记载，本来继承人的问题，赵武灵王也没什么可犯难的，因为在次子赵何出生时，长子赵章都已经当了好多年太子了。如果没有特殊情况，那么赵国未来的国君百分之百是赵章。

可就在这时，还真的出现了特殊情况，那就是王后吴娃得了重病。

望着病床上气若游丝的吴娃，赵武灵王悲痛欲绝。就在这个时候，吴娃提出了让赵武灵王从此开始头疼的请求——立赵何为继承人。

脑洞剧场

吴娃虚弱地说："大王，我恐怕要不行了，我希望您能答应我一个请求，如果您不答应，我死也不能瞑目。"

赵武灵王点点头，说："那我不答应的话，你是不是就不会死了？"

吴娃："大王，您要一直这么说话，我肯定不会病死，只会气死……您能不能答应我！"

赵武灵王："能，能！你松手，别拧我！"

吴娃："我希望您能立赵何为继承人。"

赵武灵王："好好，答应你，你开心就好。"

史书记载，吴娃很年轻就去世了，她虽然深受赵武灵王宠爱，却从来没有向他请求过什么，唯独在弥留之际，她想到了要给自己的孩子赵何谋福利，于是请求赵武灵王立赵何为太子。面对心爱之人提出的最后要求，赵武灵王答应了。于是，吴娃去世后，赵武灵王怀着一种非常矛盾的心情兑现了对吴娃的承诺，他废掉了赵章的太子之位，改立赵何为太子，后来甚至传位给赵何，并任命大臣肥义为国相。赵何就是后来的赵惠文王。赵武灵王自己则号称"主父"，临朝听政，相当于后来的太上皇。

赵何的确是讨人喜欢，这一点他遗传了母亲的聪明伶俐，可是废太子赵章也很优秀。赵章武艺超群，勇冠三军，赵国攻打中山国的时候，赵章还立下了军功，简直就是赵武灵王年轻时的翻版。

废赵章而立赵何，对赵武灵王来说，这个决定是艰难的。而更令他深感不安的是，赵章在被废之后，竟然毫无怨言，一如既往地孝敬父王，这让赵武灵王非常感动。

每次看到赵章，赵武灵王就会情不自禁地想起过世的韩夫人，没错，温柔贤惠的韩夫人也是赵武灵王的心头肉，现如今赵何继承王位了，赵章怎么办？总不能一个王位掰成两半吧……咦？这主意不错。

经过一番深思熟虑，赵武灵王还真动了这样的念头，他想把赵国一分为二，一半封给赵何，一半封给赵章。赵武灵王心想："这下不就完美解决了？我真是个赵国好父亲。"

可是这样的馊主意，赵武灵王手下的大臣们怎么可能同意呢？这不等于把赵国分裂了吗？大臣们集体反对，赵武灵王也没法独断专行，只好封赵章为安阳君，把以前的中山国的土地封给他，并派大臣田不礼前去辅佐他。这样一来，田不礼的野心被勾起来了，本来已经放弃王位的赵章，也开始蠢蠢欲动了。至于赵章他们怎么拉帮结派，怎么培植党羽，我们就不提了。

赵武灵王也一直没闲着，他想当一个好父亲，既然不能让长子赵章继承赵王，那就用其他的方式弥补。

于是，赵武灵王把更多的时间抽出来，跟赵章待在一起，甚至还允许赵章使用和赵何一样规格的车马仪仗。这一切，都为赵国接下来的内乱埋下了伏笔。

公元前295年，赵武灵王带着赵何到邯郸城东北一百多里外的沙丘行宫郊游踏青，一场腥风血雨、手足相残的政变就在这时发生了。

田不礼给赵章出主意，建议他先派兵杀死赵何，再控制赵武灵王，假托赵武灵王之命称王。这个计划听起来无懈可击，赵章马上借用了赵武灵王的令符，请赵何到赵武灵王所在的行宫议事。

但是赵何的辅政大臣肥义感觉事有蹊跷，决定自己先去探探虚实，临行前叮嘱赵何，如果他没能安全回来，就意味着发生了变乱，要马上通知掌权的公子成和大臣李兑，绝不能犹豫。

之后，肥义便进入了赵武灵王的行宫，可是他没有见到赵武灵王，只见到了赵章和田不礼，肥义立刻明白自己今天肯定是回不去了。

赵章他们发现没能把赵何骗过来，只来了一个肥义，就恼羞成怒杀掉了肥义，随后再次派使者召赵何前来觐见。赵何也不傻，眼见肥义没有回来，就知道不对劲了，于是当机立断斩杀使者，宣布赵章叛乱，然后立刻率军包围了行宫，并派人向公子成与李兑求援。

而赵章和田不礼二人一直等着赵何自投罗网，结果发现赵何带着那么多士兵来“自投罗网”，他俩这才察觉，政变失败了。

之后发生的事情毫无悬念，赶来的公子成和李兑很快控制了局面，兵败的赵章逃进了赵武灵王居住的内宫。于是，公子成和李兑又指挥军队，迅速将宫殿围得水泄不通，最终，赵章被杀了。

这时的赵武灵王才发觉，宫殿外包围的军队并没有撤走，这是怎么回事？

原来这是公子成和李兑两人的主意。虽然说他们带兵围住赵武灵王的行宫是为了平息赵章叛乱，但是难保之后赵武灵王不会报复，于是两人干脆“送佛送到西”，让军队在宫殿外围了三个月。

就这样，一代雄主赵武灵王被活活饿死在了自己的行宫里。这真是莫大的讽刺，一直想当个好父亲的赵武灵王，最后却因为儿子们的内斗而死。

14 孟尝君

看似没用的投资也有大回报

齐国孟尝君田文的父亲，名叫田婴，是齐国的国相。这么看起来，如果论“拼爹”，田文应该是赢在了起跑线上。只可惜，起初他在田婴的儿子中并不出众。

田婴有四十多个儿子！这么多儿子，想让田婴都照顾到，显然是不现实的，所以其中肯定有他喜欢的，也有不太喜欢的，甚至还有讨厌的。而田文算是比较特殊的——他是田婴特别讨厌的儿子。

这是怎么回事呢？原来田文是田婴的一个小妾生的，据说因为田文出生的那天是五月初五，所以他刚生下来，田婴就对田文的母亲说：“这个孩子你不能养。”

这就奇怪了，虎毒尚且不食子，田婴为什么这么讨厌田文呢？具体是什么原因别人都不清楚。

孩子是母亲的心头肉，田文的母亲没听田婴的话，偷偷地把田文养大了。

孩子一天天长大了，总得认祖归宗。于是田文的母亲就托田婴其他的儿子把田文介绍给田婴。不难想见，对田婴来说，这绝对是一次考验。

“父亲，今天我给您带来一个惊喜。”

“什么惊喜啊？”

“您看，我给您带来一个新儿子。”

田婴一头问号，怎么自己就突然冒出一个儿子来？赶忙问清楚怎么回事，这才明白原来是那个五月初五出生的孩子。

田婴很生气，就去质问田文的母亲：“我不是说让你把这个孩子扔了吗？你竟敢把它养大了？给我一个理由！”

田文的母亲还没来得及说话，年少的田文已经开始质问父亲了：“请问，您当初不让养我，到底是为什么？”

田婴这时才把这个埋藏多年的谜团说出来了。《史记》中是这样记载的，“婴曰：‘五月子者，长与户齐，将不利其父母。'" 意思是说，五月出生的孩子，长到了跟门户一样高的时候，会不利于父母。

田文这时却不慌不忙地说道："人的命运到底是由上天决定的，还是由门户决定的？" 田婴不知该如何回答，沉默不语。

田文接着说："如果是由上天决定的，那您何必忧虑？如果是由门户决定的，那么只要加高门户就可以了，谁还能长到那么高！"

田婴很生气："你给我闭嘴！"

不过，终归是自己的骨肉，田婴最后认下了田文，只是对他的态度没有马上改变。但正是因为田婴对田文意见最大，反而促使他更多地关注田文。

随着对田文的接触和了解，田婴逐渐意识到田文才是他最有出息的儿子。他不仅改变了对田文的态度，试着让他主持家族事务，还采纳了他的建议，开始广纳宾客。

后来，田文的名声越来越大，理所当然地继承了父亲的爵位，成了大家熟悉的孟尝君。

孟尝君没别的爱好，出了名的爱养门客。这些门客各有所长，给孟尝君帮了不少忙。所以孟尝君宁肯舍弃家业，也要给他们丰厚的待遇，目的就是招揽天下的豪杰。

据说，孟尝君的门客有几千人，但凡被他看中的人，不分贵贱，待遇一律相同。天下的豪杰对孟尝君无不心向往之，只要凑够了路费，就来投靠孟尝君。

《史记》里是这样记载的："孟尝君待客坐语，而屏风后常有侍史，主记君所与客语，问亲戚住处。客去，孟尝君已使使存问，献遗其亲戚。"

这段话的意思是，每当孟尝君接待宾客，和他们谈话的时候，总是在屏风后安排一个秘书，把孟尝君与宾客的谈话内容记录下来，尤其是宾客的亲戚住处一定要记清楚。等宾客一离开，孟尝君就立刻派使者到宾客亲戚家里献上礼物，慰问一番。宾客们非常感动，前来投奔孟尝君的人越来越多了。

有一个名叫冯驩（一说冯谖）的人，听说孟尝君爱好招揽门客，便穿着草鞋大老远跑来，就为见见孟尝君。

脑洞剧场

孟尝君见了冯驩也很客气，说道："先生远道而来，有什么可以指教我的吗？"

冯驩说："没有。"

孟尝君："那您肯定有什么特长吧。"

冯驩："我腿特长。不然怎么能走这么远？"

孟尝君："那您有什么高明之处？"

冯驩："真没有。"

孟尝君："那您来我这儿是为了什么？"

冯驩："没别的目的，我就是想在您这儿混口饭吃。"

不过孟尝君也没再说什么，便把他安置在一个地方住下了来。

要知道，总有一些特别有个性的高人，一开始什么才能也不让你看出来，为的就是考验你的人品，看看你值不值得效力。所以孟尝君还没有放弃冯驩。

过了十天，孟尝君询问总管："客人近来做什么了？"

总管说："冯先生太穷了，只有一把破剑，剑柄还是用草绳缠的。他总是弹着那把剑唱歌。”

“唱的什么啊？”

“唱的是‘长剑啊，咱们回家吧！吃饭没有鱼’。”

孟尝君听到之后，微微一笑，就让人为冯驩安排，以后冯驩吃饭就有鱼了。

又过了五天，孟尝君又问总管：“老冯最近做什么呢？”

“他还在唱歌。”

“还在唱！唱的什么？”

“长剑啊，咱们回去吧！出门没有车。”

孟尝君又笑了笑，对管家说：“这兴许是一位高人，满足他。”于是给冯驩配了一辆车。

又过了五天，孟尝君问：“最近老冯在干什么啊？”

“还在唱歌。”

孟尝君心想冯驩不会是个歌手吧，继续问道：“他这回唱的是什么？”

“唱的是‘长剑啊，咱们回家吧！没有钱来养家’。”总管还安慰孟尝君，“这应该是一位高人。”

孟尝君又满足了冯驩的要求。后来，在孟尝君遇到麻烦的时候，冯驩给孟尝君帮了大忙，不仅提高了他在百姓心目中的地位，还帮助他坐回了国相的位置。这笔投资终于大赚了一笔。

当孟尝君的门客，门槛低，收入高，人们自然趋之若鹜。但是要知道，这帮门客绝大多数不会创造经济价值，他们平时主要的工作就是白吃白喝，所以孟尝君就得花钱养他们。

钱从哪儿来？除了自己原来的积蓄，剩下的就得靠封地的税收。

不过收税可不是一件容易的事，特别是碰到个性洒脱的手下去收税……

孟尝君在齐国当国相的时候，一次，他让一个姓魏的门客替他去封地收税。孟尝君很诚恳地说："咱们没钱了，因此劳烦您走一趟。您也知道，再这样下去，咱们就要被丐帮吞并了。"

这位魏先生点点头就出发了。没多久，人回来了，孟尝君就问："怎么样？税收回来了吗？"

“没呢。”

“没事儿。一开始肯定不会太顺利，要不您抽时间再去一趟。”

魏先生说了一声“好”，就又出发了。没多久，人又回来了。

“怎么样？这次收回来了吗？”

“没有。”

“真是辛苦了。要不您再去一趟。”

魏先生这次回来之后，孟尝君也不太抱期望了，随口问了一句：“收回来了吗？”

“收回来了。”

“什么？收回来了？钱呢？”

“我送人了。”

“…………”

孟尝君气坏了，大喊道：“我跟你拼了！你知道咱们现在这日子都过成什么样了吗？你给我一个理由！”

“是这样的。我在路上碰到了一个贤德的高人，他正好缺钱，我就以您的名义把钱送给他了。”

这个理由显然没能让孟尝君满意，他一气之下就把魏先生开除了。孟尝君还安慰自己："手底下这么多人，你不能保证所有人都懂事听话。要淡定，淡定。"

可是，他万万没想到，魏先生遇到的这位高人，有一天会帮到自己。

这是怎么回事呢？原来几年后，有人向齐国当时的国君齐湣王告了孟尝君的黑状，说孟尝君马上就要发动叛乱了。

一开始齐湣王还不相信，直到贵族田甲造反，劫持了齐湣王，齐湣王这才开始怀疑是孟尝君策划的。得知消息之后，孟尝君二话不说，就逃离了齐国。

魏先生曾经遇到的那位高人听说此事，挺身而出，结局就大不一样了。这位高人首先上书给齐湣王，题目就是《论孟尝君不可能谋反》，并愿以自己的生命做证明，接着就在宫殿门口自杀了，以此证明孟尝君的清白。

齐湣王震惊了，马上派人严查此事，发现孟尝君果然是冤枉的，于是便召回了孟尝君。

几年前的孟尝君大概怎么也不会想到，那个曾经把自己的钱随便赠予别人，不太听话的魏先生，却在这种大事上帮到了自己。看似无用的投资却有了巨大的回报，有些时候，眼前的得失，未必就是最后的结果。

15 黄歇

机智的春申君

说到人生，这是一个很大的词。虽然两个字加在一起，笔画数总共才有七笔。但是要概括这两个字，却不知道要费多少笔墨。无论人生的长短，人们都希望自己活得更有价值。

战国四公子之一的黄歇，从一位寂寂无闻的楚国宗室，通过游学各国，遍访名师，以增长见识，获得楚王赏识；而后，又以口舌之利劝说秦王放弃伐楚，及至施妙计使太子回国即位，获封春申君。

黄歇获得成功的每一步都与他的智慧分不开。

要说黄歇这个人，他也不是一出生就名列“战国四公子”的，一个人的威望和地位必须要有实际的东西来支撑，不然难以持久。而翻看关于黄歇的历史文献，我们就能感受到，他肯定是一个很努力的人。根据《史记》的记载，黄歇从小就四处拜师求学，学了不少能耐，见识广博。

楚顷襄王即位之后，他的执政思路还是很明确的：既然打不过秦国，那就与秦国联盟吧。这时，他就把目光锁定在了黄歇的身上，心想黄歇这人能说会道，放在国内太浪费了，还是派到国外去吧，于是，黄歇被派去出使秦国。

说来也巧，当时秦王正要派将军白起联合韩、魏两国一起伐楚，军队还没出发，黄歇就到了。这可把秦国的将士美坏了，要知道古人在打仗之前都要进行祭祀，杀牛宰羊，求神仙保佑打胜仗，这黄歇一来，牛羊都可以省了，直接用他祭祀不就完了吗？

可黄歇是什么人物啊？在楚国，人家可是响当当的一号人物。黄歇担心秦国此次出兵会一举灭楚，立即向秦王上书，里面写了秦国如果攻打楚国会有哪些损失，如果善待楚国又会获得哪些好处。

等秦王把这篇很长很长的文章看下来之后，人都犯困了。想想黄歇写的好像还挺有道理的，于是，就取消了对楚国的军事行动，派人给楚国送了一份厚礼，与楚国结盟。

秦国从攻打楚国到给楚国送礼，就凭黄歇一个人，楚国的境遇就发生了翻天覆地的变化，这得有多大的能耐，楚王怎么能不喜欢他？

当黄歇代表楚国与秦国缔结盟约，回到楚国之后，楚顷襄王就对他说："你这次表现得很不错，本王决定奖励你一次出国旅游，你现在就带着太子赶紧去秦国。"

黄歇脸都绿了，心想：我刚立下功劳从秦国回来，大王竟然奖励我去秦国当人质……这算什么奖励？

楚国为了向秦国表示联盟的诚意，就让太子完去秦国当人质。君命难违，黄歇只能跟着太子完一起去秦国当人质，这一去就是好几年。

要知道，在战国时期当人质可没有安全保障，黄歇去秦国的任务是不仅要保证秦、楚两国的友好关系，还要兼顾太子完的安全。

不过兵法有云："置之死地而后生。"黄歇有机会和太子一起去秦国当人质，过程虽然凶险艰难，可也是一次非常重要的政治投资。

人的一生虽长，但决定方向的节点却只有那么几个。而对黄歇来说，这次在秦国当人质的经历无疑就是一个决定正确方向的人生节点。

果不其然，几年后，事情就出现了转机。楚顷襄王得了重病。国不可一日无君，虽然楚顷襄王还没死，但是要等他死了，再接太子完回来即位，那可是坐飞机都来不及了。

可秦国不想放人，这下黄歇就着急了，心想自己伺候太子这么多年了，要是太子最后没有继承王位，那我可就赔本了。

于是，他赶紧去拜访当时和太子交情不错的秦国相国范雎。

脑洞剧场

黄歇：“相国，我这次来找您，有一个问题想请教您。”

范雎：“什么问题？”

黄歇：“我就想问问，您和我们楚国太子的交情怎么样？”

范雎：“嗯……你们这是要借钱？”

黄歇："不是不是，您就说，您和我们楚国太子的交情好不好？"

范雎："交情好不好，取决于你待会儿借多少。"

黄歇："什么乱七八糟的，我们楚国不差钱，是别的事。"

范雎："你早说嘛，只要不是借钱，别的事都好说。"

根据《史记》记载，黄歇的确去找范雎了，不过他只是想让范雎劝秦王尽快放太子完回国。因为如果楚顷襄王死了，而太子完不能即位，那么楚国必定会另立楚王，太子完就成了一个普通贵族，秦国也会失去一个重要的盟友。

范雎听完黄歇这番话，立刻面见秦王，把事情的利害关系前前后后这么一说，只等秦王决断。秦王倒是一点儿也不着急，只说可以让黄歇先回楚国，看看楚王的病情，再做打算。

这下可把黄歇给急坏了。

要知道当时楚国跟秦国虽然是邻国，但两边的国都距离远，来来回回也得好长时间。万一楚王真的不行了，等消息传到秦国，太子完接到消息再赶回楚国，那时候楚王的尸首都不知道凉了多久了。

这么下去可不行。黄歇明白，秦王之所以不让太子完回国，绝对不是因为拖延症犯了，而是秦国想从中得到更多的好处。可是，黄歇和太子完还能给秦国什么好处呢？他们留在秦国，身无长物，跟普通人没有多大区别。黄歇把太子完找来，开门见山地说："太子，我想跟您讲一下让您顺利回国的计划"。

黄歇的计划是两人交换身份，让太子完伪装成自己偷偷回国。

可太子一旦回国了，留在楚国伪装太子完的黄歇就有生命危险。尽管太子完和黄歇相处很久，感情深厚，但是形势不等人，已经没有时间犹豫。如果太子完不马上回国，等楚王驾崩之后，王位就跟太子完没关系了。

打定主意之后，黄歇就开始着手安排太子完回国。他先让太子换上楚国使者的车夫的衣服，然后跟着使团偷偷地离开秦国。

而黄歇就一直留在宾馆里，推说太子完得了病，坚决不见外人。就这么一直拖着，等太子完已经走远了，秦国人肯定追不上了之后，黄歇这才去面见秦王，说出了真相："楚太子已归，出远矣。歇当死，愿赐死。"

这段话出自《史记》，意思是说："楚国太子已经回国，现在已经走远了。我知道自己有罪，所以现在请您赐死我吧。"

这次，黄歇是真的豁出去了，即便舍弃自己的性命，也一定要掩护太子完回国。

要说秦王也挺可怜，本来心情很好，结果黄歇居然在未经许可的情况下，擅自把太子完放走了。最可气的是，他说完这些话，还摆出了一副死猪不怕开水烫的样子，谁看见都得生气。于是，秦王就令黄歇自杀。

范雎一听赶紧上来劝阻秦王。他劝说秦王的理由就是黄歇作为一个臣子，能够舍命救主，十分难得。如果太子完当上楚王，他一定会重用黄歇，所以秦国不如放黄歇回楚国，让他对秦王感恩戴德，这样对秦国才有利。范雎分析得很有道理，秦王想了想，听从了他的建议，把黄歇放回了楚国。

黄歇回到楚国后，仅仅三个月，楚顷襄王就去世了，太子完成功登上王位，后世称他为楚考烈王。

黄歇拼命营救太子获得了回报，他一步登天成为楚国的令尹。楚考烈王还封黄歇为春申君，把淮水以北的十二个县赐给他当封地。

就这样，黄歇跻身响当当的“战国四公子”之列，成了楚国一人之下，万人之上的实权人物，一直当了二十多年的令尹。

16 范雎

人生时有大起大落

这回我们讲的这位老兄姓范，名雎，字叔。

在这儿我要补充一个常识。古时候，一个人成年了，为了显示尊重，同辈人是不能直接称呼他的名字的，只有长辈能喊他的名字。所以，长辈们一般会给孩子再取一个字，当作平时社交时的称呼。

范雎的字是叔，要是在今天，那真是逢人大一辈儿，平时在马路上遇见他打招呼，都得来一句“叔，最近可好？”，可真是别扭，肯定得有很多人讨厌他的字。

但是在古代，范雎的字完全没问题，他最招人讨厌的不是字，而是才华。范雎正是因为自己的才华和名声，几乎丢掉了性命。

范雎是魏国人，原本他一心想着为魏王效力，但是由于家里条件不好，没能达到目的，无奈之下，他只好先在魏国的大夫须贾手下做事。

一次，须贾出使齐国，范雎作为随从就跟着一起去了，结果到了齐国，俩人待了几个月，都没有得到齐王的接见。

须贾怎么也想不通："我来了也有段时间了，怎么齐王这么不给我面子？"他正想着，就听门口有人喊："大人，齐王派人来啦！"

须贾点点头："我就知道该来了。不着急，让他们也等等我。"

"不用了大人，人家走啦。"

"……也得给我留点儿换衣服的时间哪。好了好了，我来了，我来了。"

"不用了大人，您真的不用来了……您看，齐人都走远了。"

须贾备感苦闷，范雎却是如沐春风。原来齐王早就听说过范雎能言善辩的大名，一听说范雎来了，马上派人送去礼物，赐给范雎美酒、牛肉和十斤黄金，彰显齐国对人才的爱护，但范雎没敢接受，等着领导须贾做决定。

须贾知道了齐王赐给范雎礼物，大为恼火："气死我了，我是魏国使团的首领，齐王送礼居然没有我的份。"

旁边的随从听不下去了："大人，您不该为这生气。"

须贾恍然大悟："对！我明白了！齐王赐给范雎礼物，肯定是因为范雎对齐国泄漏了魏国的秘密！"

须贾表面上不动声色，让范雎收下美酒和牛肉，把赏赐的黄金退了回去。可是等到他们回到魏国之后，须贾积累的仇怨一下就爆发了。他把出使齐国的经过跟魏国的丞相魏齐说了一遍，当然说的内容加上了须贾的合理化想象和艺术化处理。经过须贾的想象和处理，他口中的范雎俨然就是个人渣。

果然，这番话成功地惹怒了魏齐，他比须贾还生气。惹怒了魏国丞相的后果可是很严重的，魏齐命令身边的侍卫们狠狠地教训范雎一顿。侍卫们按住范雎，用板子、荆条不停地抽打起来，这让范雎这个文弱书生怎么扛得住？

最后，范雎被打得肋骨也断了，牙齿也折了。这就是残酷的现实，在当时的权贵眼中，人命就如草芥一样不值钱。眼看自己就要没命了，范雎的头脑中突然闪现出自古流传下来的保命绝招——装死。

侍卫们一探范雎的鼻息，发现人已经没气了，就请示魏齐怎么办。魏齐说：“既然打死了，就扔到茅厕里，让大家看看，得罪我的人是什么下场。”于是，侍卫们就用草席把范雎随便卷起来，扔到了茅厕里。

当时魏齐正在府里宴请宾客，酒过三巡，大家都喝多了，开始轮番往茅厕跑。这场面我就不多描述了，总之这等奇耻大辱，都被范雎忍了下来，躺在茅厕里继续装死。

时间长了也就没多少人在意范雎了，宾客们回去继续喝酒。这时，范雎抓住机会，对离自己不远的一个看守说：“救救我，如果您能帮我离开这里，他日必有重谢。”这个看守吓了一跳，原来茅厕里躺着的是个活人。看守心肠很好，刚才看到范雎被欺辱，本来就很同情他，一看他还没死，就想帮助他。

看守捏着鼻子说：“你等我的消息。”为什么捏鼻子？毕竟范雎身上太臭了。

等到魏齐喝得酩酊大醉的时候，看守就对魏齐说：“您看，茅厕里的那个死人是不是扔掉比较好，他的样子太恶心了，好多人都不敢上厕所了。”

魏齐想想有理："那就扔了吧。"

范雎这才得以逃脱。后来魏齐后悔了，又派人去找范雎，说："活要见人，死要见尸！"

结果人也没有，尸体也没有。魏齐安慰自己："人应该是死了，就算打不死也熏死了。"

一个叫郑安平的魏国人听说了这件事，暗地里找到范雎，把他藏了起来，还给他改了个假名字张禄。

恰好就在这个时候，秦昭王派使者王稽出使魏国。得知这个消息之后，范雎就对郑安平说："这是咱们逃出魏国的机会。"

郑安平问："我们该怎么办？"范雎就把下一步的计划跟郑安平说了。于是，郑安平就按照范雎的计策，假扮差役去伺候王稽，很快就获得了接近王稽的机会，并说服王稽和范雎见上一面。

王稽见到范雎惊为天人，不仅把范雎和郑安平都偷偷带回了秦国，还向秦王推荐了范雎。范雎向秦昭王上书言政，逐渐获得了秦昭王的信任，被奉为上宾。再后来，范雎为秦昭王出谋划策，为他夺回了宣太后和贵族手中的权力。秦昭王大权在握，后来拜范雎为相，还把应地封给范雎，号为应侯。

范雎死里逃生之后，一直托名张禄，即便他封侯拜相，秦国人还是尊称他为张君。魏国人都以为范雎早就死了，根本不知道这位新任秦国相国就是范雎。

这一天，魏国得到秦国要东伐韩国和魏国的消息，就派须贾出使秦国。范雎知道须贾要来秦国，内心十分激动："我总算等到这一天了！"

等须贾到了秦国，范雎乔装打扮，穿了一身破旧的衣服就去宾馆找须贾了。须贾毕竟曾经和范雎共事，一眼就把范雎认出来了。他此前一直以为范雎早就死了，看到范雎突然活蹦乱跳地出现在面前，须贾感觉自己的眼睛、舌头都出了问题。

脑洞剧场

须贾以为面前的是范雎的鬼魂，吓得连话都说不利索了："你……你怎么来了？"

范雎："我来跟您聊天。"

须贾："我见到你舌头都打结了，你觉得我们还能聊得下去吗？"

范雎："我刚来您怎么就让我走，我找您有事。"

须贾都吓哭了，咕咚一声就跪下了："不是我害死你的，不是我，你快回去吧！"

范雎："您不会以为我死了吧。"

须贾："你没死，你永远活在我的心中。"

范雎："我真没死。"

须贾发现范雎确实是个活人，立刻就能正常思考了，对范雎说："你没死呀！我……我没变吧，还是那么幽默，对不对？"

范雎："是是是，您说的都对。"

须贾："那你找我有什么事？你最近在哪儿混啊？忙不忙？"

范雎："我在给人做长工。"

听说范雎在给别人做长工，须贾有点儿同情范雎了，毕竟两人过去还有些交情。于是，须贾留下范雎一起吃饭，还取了一件不错的衣服送给他。

谈话之间，须贾向范雎打听："我此次出使秦国，想拜见秦国的国相张君。听说他现在是秦王的宠臣，秦王所有的事都听他安排。我这次出使的成败全在于他，你认识他吗？"

须贾本来是随便问问，没想到范雎说："我的主人跟张君很熟，我也能见到他，我可以帮您引荐。”

我们都清楚，张禄和范雎其实就是一个人，但是须贾不知道，有点儿不太相信他：“你看，我的马车的车轴坏了，现在正要送去大修；我的马最近身体也不好，因为水土不服病了。如果乘坐不了驷马大车，我一般是不出门的。所以暂时没法拜见张君了。”

“我去给您借辆豪车去。”须贾怎么也想不到，摆在自己面前的难题，居然让一个长工轻松搞定了。须贾有点儿怀疑人生，心想怎么自己混得还不如一个长工呢？

没过多久，范雎果然弄来一辆四匹马拉的大车，不仅如此，他还亲自为须贾驾车。范雎在魏国原本就是须贾的下属，所以须贾倒没觉得有什么不好意思。可是车进了相府之后，须贾发现，那些原本自己认识的人都在回避，这让须贾心中充满了疑问。

思虑间，马车到了相府的门口，范雎就对须贾说：“您等等我，我进去向张君通报一声。”须贾就在门口等着，心想自己怎么说也是魏国的使者，得注意仪容仪表，就在那儿昂首挺胸、气宇轩昂地拽着马缰绳等，这一等就等了很久。

范雎始终没出来，于是须贾又换了一个造型拽着马缰绳。须贾岁数也不小了，这么一直硬撑着，就有点儿撑不住了。

于是，须贾走到守门的士卒身前问："范叔进去好长时间了，怎么还不出来？"

士卒白了他一眼说："我们这儿没范叔这个人。"

"怎么可能？他刚刚明明跟我一起乘车进来的。"

"你说的那个人是我们的国相张君。"

"什么？他就是张君？"

"他不是张君还能是谁？你居然敢让我们国相替你驾车，你没发觉周围的人都替你不好意思吗？"

须贾傻掉了："原来范雎就是张君，张君就是范雎。今天我算是交待在这里了。"他赶紧脱掉上衣，跪倒在地，托士卒向张君转达自己请罪的意思。

很快，范雎摆出了豪华的仪仗，前来接受须贾的道歉。须贾汗如雨下，磕头如捣蒜。

范雎定了定神，说："须贾你有三大罪。第一，你在魏齐面前诬陷我勾结齐国；第二，魏齐命人毒打我，还把我扔到茅厕，你没有制止；第三，你们居然还在我身上小便……”

不管怎样，须贾的这次出使注定失败了。须贾临走前，范雎大摆筵席为他送行，搞得须贾都不好意思了。其实须贾想多了，范雎这个人可谓有仇必报。他把各诸侯国的使者都叫来吃饭，饭菜很丰盛，只不过好菜好饭都摆在正堂，须贾却被安排在堂下。堂下的食物品种就比较单一了，只有喂马的饲料。就这样，须贾又在大庭广众之下被羞辱了一回。

范雎最后并没有杀掉须贾，因为他这个人虽然有仇必报，但也有恩必报。前文讲过，须贾以为范雎落难，送给他一件衣服，正是这件衣服救了须贾一命。范雎念着这一点儿情谊，高抬贵手，放了须贾一马。但之前羞辱过范雎的魏国丞相魏齐却难逃厄运，秦昭王决定帮范雎找回面子，威逼魏国交出魏齐。魏齐虽然从魏国逃到了赵国，最终还是被逼自杀了。

有时候，人生的大起大落就是如此刺激，几年前还是主宰别人生死的人，几年后就可能被别人决定生死。须贾冤枉范雎，或许源于嫉妒；魏齐羞辱范雎，或许源于暴怒。当你对别人恶言恶行的时候，就应该想到，没准儿哪天自己就会为此付出代价。

17 甘罗

小学毕业走上人生巅峰

十二岁意味着什么?

对普通人来说，十二岁实在不算什么，也很难把它和人生巅峰联系到一起。但是这回我们要讲的这个十二岁的孩子却做到了，他叫甘罗。你不认识他没关系，他的爷爷甘茂你也未必认识。甘茂当时在秦国知名度很高，当过将军，做过丞相，是能文能武的人才，所以说甘罗也算名士之后。但甘茂后来在秦国混得不太好，只身逃到齐国，把一家老小留在了秦国，自己到死也没能再回来。

甘罗是甘茂的孙子，可是自打甘茂跑路了，一家人几乎成了所有人的“孙子”，谁都惹不起。好在秦国也没太难为甘茂一家，只是家里的顶梁柱跑了，一家人日子也不好过。

甘罗就是在这样的家庭背景下长到十二岁的。要说现在的孩子长到了十二岁，家长的要求肯定不会太高，顶多是按时完成作业，上课专心听课，少玩游戏，少看电视。不过这些“简单”的要求，让现在的一些孩子听到了，八成会在心中对这些提要求的家长默念三个字：“太天真。”

十二岁的甘罗，已经在秦国丞相吕不韦的手下勤工俭学了。甘罗的本事还不止于此，在这个稚嫩的身体里面隐藏着一颗做大事的心。

甘罗的口才相当好，善于开导人，让人笑逐颜开、心甘情愿地做自己一开始不愿意做的事情。

这是怎么回事呢？事情的起因就记载在《史记》里：“秦始皇帝使刚成君蔡泽于燕，三年而燕王喜使太子丹入质于秦。”

三年前，秦王政（也就是后来的秦始皇）派刚成君蔡泽去燕国当了三年丞相。在战国时期，两国之间互派大臣到对方的国家为官是很常见的事情，既表达了友善，也是派遣人质表达诚意的意思。

所以各国派的都得是有分量的人：我们把对国家这么重要的人都放在你这里了，我怎么可能跟你过不去呢？这是一种外交的手段。

三年之后，燕王心想，我也该往秦国派个人了，怎么选呢？自愿报名肯定是不行，没人愿意去。所以派遣的方法只有一个，那就是强行摊派。

不愿意也得去。派谁去好呢？燕王经过深思熟虑之后，决定让太子丹去。

脑洞剧场

太子丹很感动："父王，要不您再考虑考虑？"

燕王喜："不用考虑了，我的眼里只有你。"

太子丹："您其实可以再考虑考虑，我不急。"

燕王喜："你不急，我急！来人，把太子给我抬到车上去！"

太子丹一开始是拒绝去秦国的，但是没用。这就是政治需要，燕王需要表现诚意，把太子都派出去了，这下秦国就没话说了。秦王政很欣慰，觉得既然如此，秦国也得派人去燕国。

想来想去，秦王政决定派出手下大将张唐，不管怎么说，他到燕国也是去当丞相的，级别上肯定是提拔了。可是张唐坚决不同意："我不去！我不去！我就不去！"

丞相吕不韦听说张唐不想去，就想用自己的人格魅力说服张唐。

吕不韦语重心长地说："你要是去了燕国……"

张唐一口回绝："我不愿意。"

吕不韦："……首先物质方面，待遇肯定是提高了。"

张唐："不稀罕。"

吕不韦："咱们下一步的计划就是和燕国联手攻打赵国，这样秦国的领土就更大了，你就会为秦国做出巨大的贡献。"

张唐哈哈大笑："谁爱去谁去，反正我不去！"

历史上张唐和吕不韦的对话，自然不会这么没有节操。但是张唐不想去燕国的态度是真真切切的。有人要问，张唐为什么不愿意去燕国？他的理由也很充分。

原来，早年间，在秦昭王时期，张唐曾经率军攻打赵国，赵国对他的怨恨那真是犹如滔滔江水连绵不绝。赵王甚至发话，谁要是抓住了张唐，就赏给那个人方圆百里的土地。

问题来了，打开当时的地图就会发现，从秦国出发去燕国，无论怎么走，都必须经过赵国。按照张唐的推理，让他去燕国是一件不可能的事情，因为他现在的人物设定就是"路过赵国百分之百被抓"。

"所以说，丞相，不是我不想去，这都是人物设定的问题啊。"

听到这个理由，吕不韦哑口无言了，这要是再逼着张唐去燕国，不就等于让他去送死吗？怎么办呢？自己心中最合适的人选就是张唐，眼看任务完成不了，吕不韦就开始发愁，一声叹息，把小甘罗给引来了。

甘罗问道："君侯，您为何在此闷闷不乐？"

吕不韦："没什么事，你去玩吧，让我好好想想。"

甘罗："君侯，你有心事不如跟我说说，说出来心里舒服一些。"

看着个头还不算高的甘罗，吕不韦可能感受到了一股萌萌的力量，就对他说："刚成君蔡泽之前到燕国当了三年丞相，现在燕国派太子丹来秦国做人质了。"

甘罗："这是好事。"

吕不韦："可是我亲自去找张唐，想让他去燕国做丞相，他却坚决不愿意去。"

甘罗："不如让我试着去劝劝他。"

吕不韦："去去去！别再添乱了。我亲自去，都请不动他，你一个孩子去就能行吗？你呀，该干啥干啥去。"

甘罗："您怎么能这样说话呢？我都十二岁了。项橐七岁的时候就能做孔子的老师，如今我都十二岁了，怎么就不能试一试呢？"

吕不韦想想确实有理，说："那你去试试吧。"

就这样，年仅十二岁的小甘罗奉吕不韦之命，前来劝说张唐了。

脑洞剧场

十二岁的孩子，正是可爱的时候。张唐见了他高兴坏了："甘罗来啦，快过来让我捏捏小脸蛋。"

甘罗不愿意了，说："你别闹，我来跟你说正事了。"

张唐："哦？你想跟我说什么事？"

甘罗："说说关于去燕国当丞相的事。"

张唐："你看见我那匹马了吗？我不要了，你现在就帮我把它骑到国外吧。”

甘罗：“这样，你听我把话说完，如果觉得不对，我立马就走。”

《史记》记载，甘罗只问了张唐两个问题，张唐就准备收拾行李了。

甘罗提出的第一个问题是：“卿之功孰与武安君？”第二个问题是：“应侯之用于秦也，孰与文信侯专？”

什么意思呢？用现在的话说就是甘罗问张唐是觉得自己的功劳大呢，还是武安君白起的功劳大，张唐说自己不如白起。甘罗又问张唐是文信侯吕不韦的权力大呢，还是当年应侯范雎的权力大。张唐说是文信侯权力大。

问完了这两个问题，甘罗又追问了一遍：“你真的知道应侯的权力不如文信侯的大吗？”

“知道啊。”

“那你想想看，当初应侯想攻打赵国，武安君白起表示不愿意去，结果刚离开咸阳七里路就在杜邮被赐死了。现如今文信侯亲自请您去做燕国的丞相，您都不愿意去，我可不知道您明天会死在什么地方……”

对张唐来说，甘罗的话犹如晴天霹雳一般。“是啊，

宫

应侯范雎的权力怎么也不如文信侯吕不韦大，我去燕国只是有可能会死掉，我要是不去燕国，那不是立刻就会死掉吗？”

于是，张唐赶紧叫人收拾行装，准备出发。

吕不韦开心了，他万万没想到，最后居然是十二岁的甘罗帮自己解决了这个大问题。正在他高兴的时候，甘罗对吕不韦说：“事情还没完。请允许我带上五辆车，为张唐先出使赵国。”

这回吕不韦不再轻视甘罗了，他马上进宫对秦王政说：“甘茂有一个孙子，名叫甘罗，年纪虽然不大，却不愧为名家之后，如今各诸侯国也都知道他的名声。前几天，张唐不肯去燕国，结果甘罗一劝他就去了。现在甘罗想出使赵国，请您答应他。”秦王政于是召见了甘罗，并派他出使赵国。

秦国向赵国派出了使者，这是外交方面的大事，无论如何，礼数要到位，于是赵悼襄王亲自到郊外迎接秦国使者。一国的君王亲自来迎，这已经表达出极大的敬意了。不过，这一路上赵悼襄王少不了一番思索：虎狼一般的秦国，到底有什么打算？这里面会不会有什么阴谋？赵悼襄王一路走一路想，想来想去，也想不出个所以然。看来，这些疑问只能见到使者之后才能解开。

等到了迎接地点，赵悼襄王把仪仗都安排好，估摸着时间差不多了，远远一望，果不其然，秦国使者的队伍来了。赵悼襄王整理一下衣服，上前迎接秦国的使者，眼看着车上下来一个小孩。

甘罗当时十二岁，要说按甘罗这个岁数，能代表一个国家去完成外交任务，这在我们看来完全是不可能的事情。可是甘罗没觉得有什么不妥，他也在奇怪："赵国人怎么回事呀？我都下车了，赵王明明都来迎接我了，怎么就不能热情一点儿呢？"犹豫之间，也没敢动。

赵悼襄王不动，甘罗也不动，双方就这么相对愣了半天，终于恍然大悟，发出了同一个声音——"哦"。

误会解开了，两个人赶紧互相吹捧一番，甘罗恭维赵王英明神武、尧舜禹汤，赵悼襄王夸赞甘罗少年英才、盖世无双，会见就在一片喜庆祥和的气氛中展开了。

《史记》记载，甘罗问了赵悼襄王两个问题："'王闻燕太子丹入质秦欤？'曰：'闻之。'曰：'闻张唐相燕欤？'曰："闻之。'"

这段对话的意思如下。

甘罗提出第一个问题："大王有没有听说燕太子丹已经到秦国做人质了？"

赵悼襄王表示听说过。

甘罗又提出第二个问题："大王有没有听说张唐要去燕国当丞相了呢？"

赵悼襄王表示这件事也听说过。

甘罗："大王，这说明了什么呢？您看，燕太子丹到秦国来，说明燕国想跟秦国合作。张唐到燕国任相，表明秦国也打算跟燕国合作。这对赵国可是大大地不利。"

赵悼襄王若有所思，甘罗继续说："秦燕合作，没有别的目的，无非是想合作攻打赵国，来扩大自己国家的领土。"

"那寡人该怎么做？"

"大王不如先送给我五座城邑，扩大秦国的领土，然后我去请求秦王，把太子丹送回燕国。咱们秦赵联合，一起去攻打燕国。"

"好！"赵悼襄王当场就同意了。

总之，根据史书记载，赵国果然划给秦国五座城邑，秦国就把太子丹送回了燕国。

接下来赵国有恃无恐，足足抢了燕国三十座城邑，后来还分给秦国十一座。

秦国显然成了这次外交事件的大赢家，先是不费一兵一卒白得了五座城邑，后来又分得了十一座城邑。甘罗自然功不可没，回到秦国后，秦王封他做了上卿，还把他爷爷甘茂原来的田地房宅赐给了他。

十二岁的甘罗就这样走上了自己的人生巅峰，他的故事也被老百姓传为佳话。

18 吕不韦

金牌经纪人

有一种人可以把没有多少价值的东西包装成奇珍异宝，可以把平淡无奇的人炒作成流量明星。这种人在现代被称为营销天才或金牌经纪人。

在营销领域，有一位祖师爷级别的人物，他就是吕不韦。

话说，吕不韦生在战国时期的一个商人家庭，他的父亲老吕平时做点儿小买卖，据说他去世的时候，给吕不韦留下了几百金，这在当时算是不少的一笔钱了。

但老吕的钱是省出来的，在吕不韦看来，应该还有更赚钱的事可以做。心中默念着老爸教给自己的口诀：

“种田卖稻谷，获利十倍；业余时间售卖玉，获利百倍。”吕不韦觉得自己穷得就剩钱了。做些什么好呢？他很发愁，于是跟自己的大管家商量。

脑洞剧场

吕不韦：“这日子不能再这么过下去了，光有钱有什么用呢？”

旁边管家劝他：“主人，前两天，咱不是刚发明了一个数钱的游戏吗？正好您也算算，家里现在到底有多少钱？”

吕不韦：“不行，上回数得手都抽筋了，现在手还哆嗦呢。”

管家：“没想到数钱这么伤身体。”

吕不韦：“这哪儿数得完！要不，我熔一部分钱铸几口锅吧。”

管家：“使不得啊！要不，您拿出一部分做慈善吧。”

吕不韦：“给谁啊？”

管家：“给我啊！我们家最近日子过得不太好，我们老两口，现在一顿饭只点十几个菜。”

吕不韦听完都要哭了：“怎么没撑死你呢！”

上面这段是编的，总之，吕不韦想找点儿事情来做。

就在这个时候，正在赵国当人质的秦国王孙嬴异人走进了吕不韦的视线。

异人的爸爸安国君是秦昭王的第二个儿子，也是秦国的太子。

吕不韦点点头，看着异人，想道："这孩子才是我吕不韦要经营的事业，我要把这孩子培养成国君！"

吕不韦的决定对异人的影响是巨大的。因为在吕不韦下定决心前，异人一直过着质子的生活，在秦赵关系紧张的时期，他的生活品质与其他六国的王孙贵胄相比，那真是闻者伤心，听者流泪。

《史记·吕不韦列传》里是这样说的："子楚为秦质子于赵。秦数攻赵，赵不甚礼子楚。子楚，秦诸庶孽孙，质于诸侯，车乘进用不饶，居处困，不得意。"

这说的是什么意思呢？说的是异人（后改名为子楚）在赵国当人质的时候，秦国总是攻打赵国，两国关系一直不好。作为人质的异人，更是不被赵国人以礼相待。秦赵两国一打仗，异人的日子就更不好过了，经常受到

潜力股
嘿嘿~
异人

羞辱。

估计那时候，最希望世界和平的就是异人了。有人可能有疑问，按理说，秦国在赵国有人质，总得收敛点儿吧，怎么秦国还打得这么勤快呢？原因很可能是，异人他爷爷秦昭王把他忘了……这可真不是一句玩笑话。当时秦国的太子安国君有二十多个儿子，异人又排行在中间，也就是说，秦昭王连在身边的孙子都数不过来，又怎么能想起身在异国他乡的异人呢？

异人就是这样一个“姥姥不疼，舅舅不爱”的处境，受困于赵国，日子过得还不如平民百姓。在一般人看来，想把一个像这样的落魄王孙培养成国君，那真是天方夜谭。可在吕不韦看来，异人具备先天条件，距离上位，只欠营销。

脑洞剧场

吕不韦找到异人，一上来就开门见山地说：“我能光大你的门楣！”

异人看了看他，说道：“我家的门没坏，不用装修！”

吕不韦说：“你别添乱，我要助你走上人生巅峰！”

异人："太累了，不干！"

"…………"

异人看吕不韦一身商人的打扮，说："先生，您还是先顾自己吧。"

古代商人的地位低，他还有点儿瞧不起吕不韦。吕不韦此时意味深长地笑了笑："只要你的门楣大了，我的门楣自然会大。"

异人听到这儿才明白吕不韦的话是什么意思，赶紧追问："求先生教我光大门楣的方法。"

上面这段基本符合史实。就这样，吕不韦成了异人实际意义上的"经纪人"。

吕不韦当经纪人真的非常优秀，不光出钱，还出力，除了倒贴钱财，还能配合演戏。他一面给了异人五百金，让他主动结识赵国的权贵，一面自己又去秦国游说当时深得太子宠幸的华阳夫人。传说这个华阳夫人，肤白貌美，太子很喜欢她，但是她没有孩子。于是吕不韦找到了她。

史书中记载，吕不韦请华阳夫人的姐姐去游说她：

“您现在漂亮，太子宠您、爱您，有朝一日您人老色衰，太子离您而去了，谁来维持您的荣华富贵呢？”

几句话下来，华阳夫人顿时有了危机感。华阳夫人的姐姐继续说道：“不如，看看这款‘干儿子系列产品’吧，他叫异人！您是不知道他人有多好，人缘好不说，还特别孝顺，每次一提到华阳夫人的名字，思念之情油然而生。现在他虽然是人质，若以后当上大王，那肯定也是跟您最亲啊。”

华阳夫人听后很高兴，马上开始了“枕边风”行动，每天跟太子安国君说异人如何优秀，人品如何好，太子想了想，说：“那就接回来吧。”

说接就接，在吕不韦庞大资金的支持下，异人最终顺利回到了秦国。

异人在吕不韦的指导下，一身楚国人的打扮，去拜见华阳夫人。老家就在楚国的华阳夫人见了，自然很开心，马上认了他当儿子，而且还为异人取了一个新名字——子楚。

公元前 251 年，安国君继位，子楚被立为太子。但安国君仅仅在位三天就去世了。于是，子楚继位，成为新的秦王，史称秦庄襄王。

一个在他国做人质，随时可能丧命的落魄王孙，就这样，在吕不韦的营销下，成为战国时期第一强国的大王。时隔两千多年，我们也不得不佩服吕不韦的眼光和智谋，称他为“金牌经纪人”实至名归。

楚河说历史

让孩子轻松读懂的历史书